Generación

del Escogida

Polvo a Gloria

CÓMO LIBERAR LA GLORIA

DE DIOS EN TU VIDA

Para _Ediberto Suriel_

YOELVIN MOLINA

Generación
del Escogida
Polvo a Gloria
CÓMO LIBERAR LA GLORIA

DE DIOS EN TU VIDA

Generación Escogida Del Polvo a Gloria por Yoelvin Molina
Copyright © 2022 by Yoelvin Molina.

Contacto:
Email: MolinaYoelvin@Gmail.com
Instagram: YoelvinMolina
Youtube: Yoelvin Molina

A menos que se indique lo contrario, todas las citas bíblicas se han tomado de la versión La Biblia de las Américas® (LBLA®), Copyright © 1986, 1995, 1997 por The Lockman Foundation. Usadas con permiso. www.LBLA.com

Las citas de la Escritura marcadas (RVA-2015) corresponden a la versión Reina Valera Actualizada, Copyright © 2015 por la Editorial Mundo Hispano. Usada con permiso.

El texto marcado NVI ha sido tomado de La Santa Biblia, Nueva Versión Internacional® NVI® Copyright © 1999 by Biblica, Inc.® Usado con permiso. Todos derechos reservados mundialmente.

El texto marcado AMP, es una traducción literal, tomado de la Biblia Amplified Bible. Copyright © 1954, 1958, 1962, 1964, 1965, 1987 by The Lockman Foundation, La Habra, CA. All rights reserved. Used by Permission. www.lockman.org.

ISBN: 978-1-7352290-4-1 (Paperback Edition)

Publicado en inglés bajo el título:
Chosen Generation from Dust to Glory

Printed in the United States of America

Dedicatoria

Dedico este libro a la generación escogida que tiene hambre y sed, y está dispuesta a pagar el precio para desatar la gloria de Dios.

Además, a mi hijo primogénito, Joshua Caleb, tu nombre es una señal profética, y serás una voz entre la próxima generación para llevar el testigo y expandir el reino de Dios con poder y gloria por todas las naciones del mundo.

Agradecimientos

Primero, reconozco al Espíritu Santo. Sin Él, no sería capaz de escribir este libro. Él me guió y me consoló en todo el proceso de escribir este libro. Gracias por hacer posible este proyecto.

Jesús, gracias por morir en la cruz por mí y por darme el privilegio de heredar la vida eterna.

Padre Celestial, gracias por crearme con un propósito en la tierra y por Tu increíble amor. Que este libro bendiga a aquellos que fueron, desde la eternidad, diseñados para leerlo.

Mi esposa, Clara, gracias por creer en mí y por animarme siempre. Gracias por tu compañía. Te amo, mi reina.

Ricardo, no hubiera podido terminar este libro sin tu ayuda. Estoy realmente agradecido por las numerosas horas que pasaste conmigo en este proyecto y gracias por creer en mí.

Contenido

Prólogo

Para un experto en arte, un artista bien entendido puede con facilidad identificar las expresiones, el estilo, e incluso los trazos que se realizan en los cuadros de lona. Esto es debido a la verdad expresada en aquel dicho que dice que el corazón del artista siempre será revelado a través de su arte. Aunque esta observación de algunos es una realidad identificable en el campo del arte, esta es, aún más, una realidad insuperable cuanto, a La Creación de toda materia existente por El Creador, Dios. En Salmo 19:1 leemos, *"Los cielos proclaman la gloria de Dios, y la expansión anuncia la obra de sus manos"*. Mientras que un artista puede tratar de expresar una técnica específica, una mentalidad, o una emoción por medio de su obra, ¡Dios busca revelar Su Gloria en todo lo que Él ha creado! Por lo tanto, en Génesis 1:31 RVA-2015, después de que terminó de crear cada cosa tangible conocida por el hombre, *"Dios vio todo lo que había hecho, y he aquí que era muy bueno"*. Todo lo que Dios había creado expresaba

Su propio carácter, Su persona, y Su gloria. La gloria de Dios a veces puede ser difícil de definir con una simple "palabra o dos". Es imposible de definir a Dios completamente con meras expresiones gramaticales humanas. Así como lo ha hecho el autor de este libro, él mismo ha intentado pintar un retrato del Creador, y en particular, el "Sello" único de "Su Gloria" la cual está sobre la más clara reflexión creada de Su persona, la raza humana.

¿Como es que todo pudo pasar de ser "muy bueno" en Génesis 1, a lo que dicen las escrituras en Génesis 6:5? *"Y el Señor vio que era mucha la maldad de los hombres en la tierra, y que toda intención de los pensamientos de su corazón era solo hacer siempre el mal"*. A medida que valla leyendo los capítulos de este libro, descubrirá el triste evento que produjo este "encubrimiento" de la obra maestra de Dios. ¡Pero asegúrate de continuar el viaje hasta el final! También descubrirá cómo la gloria de Dios está siendo sistemáticamente restaurada hacia Su creación – comenzando con Su posesión más preciada y portador de Su imagen, el hombre; y continuando con la Cruz, la Resurrección, Pentecostés y, finalmente, la restauración final de Su gloria en la venida de Cristo a la tierra, *"La restauración de todas las cosas"* (Hechos 3:21b).

Finalmente, quiero decir lo orgulloso que estoy del autor, uno de mis hijos en la fe, Yoelvin Molina. ¡Recuerdo el día en que dio el paso a entrar en la gloria de Dios y eligió convertirse en un "Agente del Reino" y portador de Su gloria! Ese es el propósito y el llamado de Dios para cada persona en este planeta. ¡Es este Su llamado para ti! ¿Lo oyes? ¿Estás preparado para recibirlo? ¡Cuando lo hagas, comenzarás un proceso de transformación en tu vida que continuará por toda la eternidad!

> *Ahora bien, el Señor es el Espíritu; y donde está el Espíritu del Señor, hay libertad. Pero nosotros todos, con el rostro descubierto, contemplando como en un espejo la gloria del Señor, estamos siendo transformados en la misma imagen de gloria en gloria, como por el Señor, el Espíritu.*

—2 Corintios 3:17-18

Roger Gardner, Pastor Principal
Lighthouse Christian Fellowship

Introducción

T ODO COMENZÓ EN EL verano de 2018 en la sala de
mi apartamento cuando estaba de rodillas adorando
y orando al SEÑOR. De repente, el Espíritu Santo puso
una palabra en mi espíritu y me dijo:

> *Estoy formando una generación escogida del polvo*
> *de la tierra para liberar Mi gloria. Yo respiraré*
> *vida en ellos y los formaré con Mis propias manos,*
> *y ellos revelarán Mi gloria entre las naciones de la*
> *tierra. Así como Jesucristo resucitó de la tumba,*
> *Yo estoy levantando una Generación Escogida del*
> *Polvo a Gloria.*

El Gran Despertar

Jesucristo está despertando al ejército más poderoso en
todas las naciones del mundo. Podemos vislumbrar de
esta realidad al leer las palabras del profeta Ezequiel. En
el capítulo 37 de Ezequiel, el SEÑOR llevó a Ezequiel a
un valle de huesos secos que presagiaba la condición

muerta del pueblo de Israel. En su declaración profética, el SEÑOR le ordena a Ezequiel que profetice a los huesos secos, e inmediatamente un gran ejército se puso de pie. ¡Las palabras de este libro son para despertar a un ejército que fue escogido por Dios desde la fundación de la tierra para levantarse del polvo a la gloria!

Es Tiempo de Guerra

Dios está despertando un ejército porque estamos en guerra. En Joel 3:9-11, el profeta escribe lo siguiente:

> [9] Proclamad esto entre las naciones: Preparaos para la guerra, despertad a los valientes; acérquense, suban todos los soldados. [10] Forjad espadas de vuestras rejas de arado y lanzas de vuestras podaderas; diga el débil: Fuerte soy. [11] Apresuraos y venid, naciones todas de alrededor, y reuníos allí.

Esta guerra de la que el profeta nos advirtió no se combate con misiles, ataques aéreos, bombas o cualquier arma física. En cambio, esta guerra se pelea en el ámbito celestial, como nos explica nuestro hermano Pablo en su carta a la iglesia en Éfeso:

> Porque nuestra lucha no es contra sangre y carne, sino contra principados, contra potestades, contra los poderes de este mundo de

tinieblas, contra las huestes espirituales
de maldad en las regiones celestiales.

—Efesios 6:12

El enemigo está operando, vemos como el crimen está
en su apogeo, las clínicas de aborto están en aumento,
hay una alta tasa de divorcios y el plan de destrucción del
adversario está infiltrando como cáncer en esta generación. Mientras, esta generación aparenta sin esperanza,
muerta y sin identidad. Sin embargo, el Creador siempre
está haciendo Su obra perfecta, formando una generación gloriosa de las cenizas de la tierra. Por lo tanto, es
hora de despertar y ponerse toda la armadura de Dios
para derribar el reino de las tinieblas y revelar Su gloria.

Monte de la Transfiguración

Entre los pasajes más impresionante de las Escrituras
se encuentra el pasaje de Jesús en el monte de la trans-
figuración. Allí, el rostro de Jesús brilló como el sol, y
Su ropa se volvió blanco como la nieve (Mateo 17: 1-3), al
contemplar la gloria del Padre. ¿Te imaginas cómo sería
reflejar la gloria de Dios de la misma manera que lo hizo
Jesús? ¡Tengo noticias increíbles! El plan de Dios es que
Su creación refleje Su gloria. Jesús oró en Juan 17:22
RVA-2015, *"Yo [Jesús] les he dado [discípulos] la gloria que
Tú [Padre celestial] me has dado para que sean uno, así como
también nosotros somos uno"*. La gloria que Jesús recibió

del Padre es la misma gloria que Él puso a disposición de nosotros, Sus discípulos. ¿No te alegra saber que Jesucristo dio Su vida en la cruz para que puedas reflejar la gloria de Dios en la tierra? Consideremos las palabras del profeta Isaías cuando escribió una de las mayores promesas de las Sagradas Escrituras:

[1] Levántate, resplandece, porque ha llegado tu luz y la gloria del Señor ha amanecido sobre ti. [2] Porque he aquí, tinieblas cubrirán la tierra y densa oscuridad los pueblos; pero sobre ti amanecerá el Señor, y sobre ti aparecerá su gloria. [3] Y acudirán las naciones a tu luz, y los reyes al resplandor de tu amanecer. [5] Entonces será revelada la gloria del Señor, y toda carne a una la verá.

—Isaías 60:1-3; 40:5

Como se indica en las Escrituras anteriores, es hora de levantarse y brillar Su luz, porque Él está listo para revelar Su gloria. La palabra hebrea para "gloria" en las escrituras anteriores es *kabod*, que significa *honor, abundancia, esplendor, majestad, riquezas, reverencia, pesadez y peso*.[1] Cuando las Escrituras se refieren a la gloria de Dios, se refieren al honor de Dios, la abundancia de Dios, el esplendor de Dios, la majestad de Dios y las riquezas de Dios, y así sucesivamente. La gloria de Dios revela la plenitud de Su naturaleza. En mis propias palabras, defino la gloria de Dios como Su grandeza. En otras palabras, el deseo de Dios es que Su creación revele la plenitud de Su grandeza en la tierra como lo hizo Jesús.

Vaso de Barro

Desde la antigüedad, ha sido de conocimiento común hacer diferentes tipos de vasijas de barro con la mezcla de arcilla y agua. Pablo se refiere a la creación de Dios de una manera muy similar, como vasos de barro (ver 2 Corintios 4: 7). En el principio de la creación, "*Dios formó al hombre del polvo de la tierra*" (Génesis 2:7a). La palabra "formó" en hebreo es *yasar*, que significa *formar y modelar como lo hace un alfarero con arcilla.*[2] Dios, que representa al alfarero, formó al hombre (la arcilla) en una vasija de barro.

Una vasija es un recipiente fabricado para sostener o contener una sustancia. El Creador creó al hombre para ser un vaso de barro perfecto para sostener y contener Su gloria. Desafortunadamente, después de la caída, el hombre heredó una naturaleza pecaminosa, causando que él (creación de Dios) se convirtiera en un vaso estropeado; en otras palabras, la humanidad se volvió corrupta e imperfecta. La humanidad nunca fue creada para tener una naturaleza pecaminosa, sino para ser portador de la gloria de Dios. Fue a causa de nuestra naturaleza pecaminosa que Jesús murió en la cruz y se hizo pecado por nosotros. Debido a este último sacrificio, podemos ser formados una vez más por la mano del alfarero (nuestro Creador) en el vaso perfecto que Él quiso que fuéramos.

¿Sabías que el agua es el elemento más importante en la cerámica? Un alfarero no puede formar una vasija sin que agua corra constantemente alrededor de la arcilla. Del mismo modo, sin el Espíritu Santo no somos más que polvo. Además, tiene que haber un fluir constante del Espíritu de Dios en nuestras vidas para que seamos una vasija completa.

Dios está levantando una generación escogida del polvo de la tierra para manifestar Su gloria sobre las naciones del mundo. Sin embargo, para hacer esto el Señor está buscando vasos dispuestos entre Su pueblo. Mi pregunta para ti es: "¿Estás dispuesto para manifestarla?" Si la respuesta es sí, este libro te servirá de guía en cómo manifestar la grandeza de Dios en tu vida. Antes de comenzar nuestro viaje para convertirnos en una Generación Escogida del Polvo a Gloria, oremos, y permitamos que el Espíritu Santo nos ayude en este viaje:

Padre Celestial,

Tú me has escogido antes de la fundación de la tierra para mostrar Tu gloria, y me has dado la llave para acceder a ella. Yo oro para que me ayudes a abrir y desatar la gloria que has puesto en mí. Hoy, me entrego completamente en tus manos para que me formes y moldees según tus propósitos. Solo te pido que mi vida dé gloria y honor a Tu nombre. En el precioso nombre de Jesucristo, te lo pido.

Amén

CAPÍTULO 1

Nacimiento Milagroso

¡Y quién sabe si para un tiempo como este
has llegado al reino!

—**Ester 4:14 RVA-2015**

S ABÍAS QUE ERES UN Moisés aquí en la tierra? Moisés
nació en uno de los momentos más críticos de la
historia — faraón había dado un decreto para matar a
todos los niños recién nacidos, y él sobrevivió milagrosamente. Entre todos los israelitas nacidos en Egipto,
Dios escogió a Moisés para liberarlos de su cautiverio.
Veamos algunos de los obstáculos que Moisés tuvo que
superar después de su nacimiento:

- *Sobrevivió la masacre del decreto del Faraón.*
- *Su madre lo ocultó durante tres meses y sobrevivió.*

- *Sobrevivió los peligros del río Nilo después de ser colocado en una canasta, porque su madre no pudo esconderlo por más tiempo.*
- *Tenía que hallar favor ante los ojos de la hija de Faraón para que ella pudiera adoptarlo.*

Moisés tuvo uno de los nacimientos más milagrosos registrados en la Biblia, ¡y tú también! Es posible que te estés preguntando cómo tu nacimiento es comparable al de Moisés. Contigo, todo comenzó como un óvulo fertilizado en el vientre de tu madre y naciste después de nueve largos meses. Tú, que estas vivo hoy leyendo este libro es un milagro. A lo mejor has pensado que tu existencia en la tierra fue un trágico error. Tal vez tu nacimiento no fue planeado o tus padres te abandonaron. Quizás naciste como resultado de una violación, o tal vez naciste con una determinada condición de salud. Yo personalmente no conozco tu situación, lo que sé es que de los millones de espermatozoides que podrían haber fecundado con un óvulo específico para formar tu ADN, Dios escogió una combinación específica que te formó. Por lo tanto, nunca permitas que la situación de tu vida defina quién eres, sino deja que Aquel que creó todas las

> *Nunca permitas que la situación de tu vida defina quién eres, sino deja que Aquel que creó todas las cosas sea El que te defina.*

cosas sea El que te defina. Moisés fue escogido para sacar al pueblo de Israel del cautiverio. Asimismo, tú fuiste escogido para una asignación especial aquí en la tierra.

¿Quién Te Escogió?

Antes de tu existencia, Dios ya te había escogido con un plan específico para tu vida. En la carta a los Efesios, Pablo explica esto más claramente: "*Nos escogió en Él desde antes de la fundación del mundo*" (Efesios 1:4). Los hombres nunca eligieron a Dios, más bien, Él nos escogió a nosotros primero (ver Juan 15:16).

Dios me Escogió

Cuando vine a Cristo, luché durante años buscando el propósito de Dios para mi vida. No fue hasta un día, mientras clamaba desesperadamente en oración al SEÑOR, que el Espíritu Santo me habló y me dijo: "*Te usaré como escritor en la tierra para escribir libros*". Ese día, toda mi vida cambió porque supe por qué fui escogido por Dios.

Tuve muchas dificultades para escribir artículos en la escuela secundaria y la universidad. Yo estaba tan agradecido por la "Búsqueda de Google" que me salvó de muchas de mis luchas con las escrituras. En la escuela escribir se convirtió en lo que más temía, era mi enemigo personal. Cada vez que tenía que hacer una asignación era como realizar un entrenamiento intenso. Cuando la palabra del SEÑOR llego a mi vida con respecto a las escrituras, tomé un salto de fe, creyendo en la palabra que el SEÑOR había hablado sobre mi, y decidí obedecerla. Es solo por Su gracia y el poder del Espíritu Santo que pude escribir este libro. Existen muchos escritores excelentes que son más hábiles que yo, pero la diferencia está en el hecho de que Dios específicamente me eligió y me ungió para escribir.

Dios Te Escogió

Dios siempre escoge vasijas imperfectas para manifestar Su gloria. Él es conocido por calificar a los descalificados. Hay muchas historias en la Biblia de hombres descalificados que fueron calificados por Dios. Veamos algunos ejemplos:

- *David era un pastor que, según la cultura de su tiempo, no tenía las características físicas de un rey. Sin embargo, David se convirtió en el vaso escogido de Dios, apto para convertirse en el rey de Israel.*
- *Saulo era conocido por perseguir a la Iglesia en el libro de los Hechos. A pesar de eso, Dios calificó a Pablo para convertirse en un apóstol de Cristo.*
- *Gedeón era conocido por ser el más pequeño de la tribu y temía mucho al enemigo. Sin embargo, Dios calificó a Gedeón para convertirse en un hombre valiente.*

Según los estándares del mundo, yo no califico para ser escritor. Carezco de habilidades gramaticales como conocer la puntuación correcta y la estructura de las oraciones, para mencionar algunas. A pesar de mi falta de habilidad gramaticales, Dios me calificó para hacermce en un escritor. Al mismo tiempo, Dios usará nuestra imperfección para manifestar Su gloria. Habrá áreas en tu vida en las que dirás: "No puedo, no soy capaz o soy incapaz". El profeta Jeremías tenía el mismo problema. Él dijo: "*¡Ah, Señor Dios! He aquí, no sé hablar, porque soy joven*" (Jeremías 1:6). El SEÑOR llamó a Jeremías a ser profeta en uno de los momentos más trágicos de la historia de Israel. Él sintió que era demasiado joven para cumplir con las responsabilidades de un profeta. Sin embargo, Dios no nos ve de la forma en que lo hace el hombre, o de la forma en que nos vemos a nosotros mismos. El Creador nos ve de la manera en que Él nos creó a ser.

> *Dios siempre escoge vasijas imperfectas para manifestar Su gloria.*

Dios Mira el Corazón del Hombre

El profeta Samuel tenia que ungir a uno de los hijos de Isaí para convertirse en el próximo rey de Israel. Cuando el profeta Samuel vio a Eliab, uno de los hijos de Isaí, su respuesta fue la siguiente:

> ⁶ Y aconteció que cuando ellos entraron, vio a Eliab, y se dijo: Ciertamente el ungido del Señor está delante de Él. ⁷ Pero el Señor dijo a Samuel: No mires a su apariencia, ni a lo alto de su estatura, porque lo he desechado; pues Dios ve no como el hombre ve, pues el hombre mira la apariencia exterior, pero el Señor mira el corazón —1 Samuel 16:6-7

Samuel, un hombre de Dios muy respetado en Israel, consideró primero al hermano mayor de David, Eliab, como el hijo que Dios elegiría como rey, y no pudo ver a David como el rey legítimo. Dios ve al hombre (Su creación) de una manera que está más allá de lo que el hombre puede percibir. Mientras el hombre ve la apariencia exterior, el SEÑOR ve nuestro corazones. Oremos siempre para que el SEÑOR abra nuestros ojos espirituales para que podamos vernos a nosotros mismos de la manera en que Dios nos ve y que podamos llegar a ser lo que Él desea para nosotro. Él tiene un plan increíble para nuestras vidas que es más grande de lo que podemos imaginar. Todo lo que debemos hacer es rendirnos a Él y creer en Sus promesas sobre nuestras vidas.

¿Por qué Dios nos Escogió?

Si Dios no escogió al hombre solo para realizar obras en la tierra, entonces ¿por qué Dios nos escogió a nosotros?

Vayamos a Juan 15:16a RVA-2015 para ver lo que dijo Jesús:

> Ustedes no me eligieron a mí; más bien, yo los elegí a ustedes y les he puesto para que vayan y lleven fruto, y para que su fruto permanezca.

Dios nos escogió para dar fruto, y el fruto que produzcamos permanezca en la tierra. Dios creó a la humanidad para vivir una vida fructífera. El primer mandamiento que el SEÑOR le dio a Adán fue ser fructífero y multiplicarse, y luego someter la tierra (ver Génesis 1:28). Esto indica que tú determinarás la calidad del fruto en tu vida. Antes de que Jesucristo ascendiera al cielo, instó a sus discípulos a hacer *"discípulos de todas las naciones"* (Mateo 28:18b). El Creador nos escogió antes de la fundación de la tierra a dar fruto para Su reino, y nos escogió para dar fruto que permanezcan para las generaciones venideras.

¿Qué Clase de Frutos Debemos Producir?

¿Qué clase de fruto se refería Jesús? Leamos la carta del apóstol Pablo a la iglesia de los Gálatas:

> [22] Mas el fruto del Espíritu es amor, gozo, paz, paciencia, benignidad, bondad, fidelidad, [23] mansedumbre, dominio propio; contra tales cosas no hay ley.
> —Gálatas 5:22-23

El fruto del Espíritu es un carácter semejante a Cristo, un carácter que revela la naturaleza santa de Dios en el creyente. Cuando una persona recibe el Espíritu Santo, el Espíritu de Dios lo transforma y moldea su carácter a través de una relación con Él.

¿Cómo Producimos Fruto?

Jesús nos dijo claramente lo que debemos hacer: ¡dar fruto! Él dijo lo siguiente en Juan 15:4-5:

> ⁴ Permaneced en mí, y yo en vosotros. Como el sarmiento no puede dar fruto por sí mismo si no permanece en la vid, así tampoco vosotros si no permanecéis en mí. ⁵ Yo soy la vid, vosotros los sarmientos; el que permanece en mí y yo en él, ese da mucho fruto, porque separados de mí nada podéis hacer.

Dar fruto en nuestras vidas surge al permanecer en Jesús. Permanecer en Jesús significa tener una relación íntima con Él. Mantener nuestra relación con Cristo producirá el fruto de Su carácter en nuestras vidas. Nuestra relación con el Creador determinará el nivel de nuestra transformación. Pablo dijo lo siguiente en 2 Corintios 3:18:

> Pero nosotros todos, con el rostro descubierto, contemplando como en un espejo la gloria del Señor,

> estamos siendo transformados en la misma imagen
> de gloria en gloria, como por el Señor, el Espíritu.

Pablo enfatiza cómo estamos siendo transformados de Dios de gloria en gloria a la imagen. El nivel de gloria que reveles en la tierra será determinado por tu relación con el SEÑOR.

¿Qué Sucede Cuando das Fruto?

Dar fruto tiene todo que ver con complacer a nuestro Padre Celestial. Mira lo que Jesús dijo en Juan 15:8 RVA-2015:

> En esto es glorificado mi Padre: en que lleven mucho
> fruto y sean mis discípulos.

Jesús nos dijo claramente, si deseas profundamente glorificar al Padre y convertirte en Su discípulo, entonces debes dar mucho fruto. Está en el corazón del Padre que Su creación expanda Su reino en la tierra dando fruto.

¿Qué Sucede si no Das Fruto?

Entonces, ¿cuál es la consecuencia de no dar frutos? De acuerdo a las Escrituras, cualquier persona que no dé fruto será cortada y arrojada al fuego.

Todo árbol que no da buen fruto, es cortado y echado al fuego. —Mateo 7:19

Si alguno no permanece en mí, es echado fuera como un sarmiento y se seca; y los recogen, los echan al fuego y se queman. —Juan 15:6

Los Conocerás por sus Frutos

En los últimos días, muchos falsos minis-tros vendrán disfrazados de ovejas, engañando a muchos, y la única

Nunca juzgues un árbol por su aparien-cia, sino por el fruto que produce.

manera de identificarlos es por sus frutos, no por sus dones (ver Mateo 7:15-16). Nunca juzgues un árbol por su apariencia, sino por el fruto que produce.

Muchos vendrán a Jesús y le dirán: *"¡Señor, Señor! ¿No profetizamos en tu nombre? ¿En tu nombre no echa-mos demonios? ¿Y en tu nombre no hicimos muchas obras poderosas?".*

Y el SEÑOR les responderá: *"Nunca les he conocido. ¡Apártense de mí, obradores de maldad!".* (Mateo 7:22-23 RVA-2015, parafraseado).

Hay una diferencia entre saber acerca de Dios y conocerlo. Por ejemplo, hay personas que saben de mí. Pueden saber mi nombre, mi edad, mis disgustos, pueden saber muchas cosas sobre mí, pero la única persona en el mundo que me conoce íntimamente es mi esposa. La palabra "conocer" en la escritura anterior es la palabra griega *"ginosko"*, que es la misma palabra que se usa para las relaciones sexuales entre un hombre y una mujer.[1] La expresión bíblica para las relaciones sexuales entre marido y mujer es conocer. Cuando un hombre conoce a su esposa, se convierte en *"una sola carne"* (ver Génesis 2:24). Jesús oró para que todos los Creyentes fueran uno con el Padre como Él era uno con Él (ver Juan 17:20-21). Esto indica que para ser uno con Dios necesitamos conocerlo íntimamente. Hay muchos creyentes que saben acerca de Cristo pero no tienen una relación íntima con Él. Y, si no nos tomamos el tiempo para conocer a Dios en nuestra vida aqui en la tierra, Él desechará Su memoria de nosotros como en Mateo 7:22 donde dice: *"Nunca les he conocido"*.

Milagro Viviente

Recuerda que no eres un error, sino un milagro viviente llamado a grandeza. De todos los habitantes de la tierra, Dios te diseñó de manera única para revelar Su gloria. Dicho esto, tu posees el derecho de elegir tu destino.

NACIMIENTO MILAGROSO

En este capítulo aprendiste que no eres un error, sino que eres un milagro viviente llamado a grandeza. De todos los habitantes de la tierra, Dios te diseñó de manera única para revelar Su gloria.

PREGUNTAS DE REPASO

1. Según Juan 15:16, ¿Quién te escogió y por qué fuiste escogido?

_____

_____

2. Leer Juan 15:4-5. ¿Cómo puedes dar mucho fruto?

_____

_____

3. ¿Cuáles son las consecuencias de no dar fruto? (Leer Mateo 7:19; Juan 15:6.)

_____

_____

4. ¿Qué sucede cuando das fruto? (Leer Juan 15:8.)

_____

_____

PREGUNTAS PERSONALES

1. ¿Alguna vez has pensado en ti mismo como un error? ¿Si es así por qué?

_____

_____

Nota: Tú no eres un error, sino un milagro viviente creado para grandeza. Antes de que fueras formado en el vientre de tu madre, Él ya había pensado en ti y te creó con un plan para prosperarte.

2. ¿En qué áreas de tu vida has usado las palabras "*No puedo, no soy capaz o soy incapaz*"?

_____

_____

3. Leer Mateo 19:26. En tus propias palabras, escribe por qué no deberías usar las palabras "No puedo o no soy capaz" en tu vocabulario.

_____

_____

4. Según las Escrituras, hemos aprendido que Dios nos creó para dar fruto. Sabiendo esto, hágase esta pregunta: ¿Estoy dando fruto para el reino de Dios? ¿Si no, por qué?

_____

_____

Nota: No te sientas desanimado si no estás dando fruto. Sin embargo, siéntase motivado y animado sabiendo que hoy es una nueva oportunidad para cambiar su vida y comenzar a dar fruto para Su reino.

5. Hay tres percepciones diferentes en la vida de una persona: tu percepción personal (*la forma en que te ves a ti mismo*), la percepción del hombre (*la forma en que los demás te ven*) y la percepción de Dios (*la forma en que Dios te ve*). Describe brevemente cada percepción en tu vida.

Percepción personal:

_____

_____

_____

Percepción del hombre:

_____

_____

_____

Percepción de Dios:

_____

_____

_____

Note: Cuando te miras en el espejo, ¿Qué ves? Te vez a ti mismo. Sin embargo, Dios no te ve tí; sino Él mismo en ti (ver 2 Corintios 3:17-18). Recuerde, el hombre ve la apariencia exterior, pero Dios ve nuestros corazones.

Tiempo de Oración: Tomemos un momento y oremos como Elías oró por su siervo para que sus ojos espirituales se abrieran. Ora para que puedas verte a ti mismo como Dios te diseñó, y reveles Su gloria de manera única (Leer II Reyes 6:17; 1 Samuel 16:7).

Padre celestial,

Personalmente te agradezco que no soy un error, sino un milagro viviente llamado a grandeza. Padre quita las escamas de mis ojos que me ciegan y me impiden revelarte a los demás. Oro para que abras mis ojos espirituales, y para que yo me pueda verme como Tú me ves. En el precioso nombre de Jesucristo.

Amén

CAPÍTULO 2

Nueva Creación

*De modo que si alguno está en Cristo, nueva
criatura es; las cosas viejas pasaron; he aquí
todas son hechas nuevas.*

—2 Corintios 5:17 RVA-2015

E N EL AÑO 2012, mi amigo Ricardo entregó su vida a
Cristo. En la primavera de ese año, él regresó a su
casa de la universidad para visitar a su familia. Recuerdo
que habían pasado varios meses desde que no lo había
visto. Entonces, fui a visitarlo para ponerme al día con
él. Sin embargo, cuando lo vi, no lo reconocí. Era una
persona totalmente diferente, la forma en que se expresaba y hablaba era como si yo estuviera hablando con
una persona diferente. En lo profundo de mi corazón,
yo deseaba lo que él tenía, así que ese día, inespera-
damente, *"la luz verdadera que alumbra a todo hombre"*

(Juan 1:9 RVA-2015) entró en la sala donde estábamos y transformó toda mi vida. Ese día, entregué mi vida a Jesucristo. Después de mi experiencia, entendí lo que Pablo escribió en 2 Corintios 5:17 (ver arriba).

Según Juan 3:5, el momento en que un creyente nace de nuevo es el momento en que se viste de Cristo y recibe

> *La nueva naturaleza nos empoderará para vencer los deseos de la carne.*

una nueva naturaleza. Cuando esto sucede, la persona se convierte literalmente en una nueva creación. Por ejemplo, una persona es un criminal buscado en los Estados Unidos por cometer un crimen, y el criminal desea profundamente comenzar una nueva vida, pero debido a su vida pasada, no puede hacerlo. La única forma posible de empezar de nuevo es que el criminal cambie su identidad. Una nueva identidad significa un nuevo nombre, huella digital, apariencia física, tono de voz y ADN. Básicamente, el criminal se convierte en una nueva persona. Eso es lo que sucede cuando una persona se *"viste"* de Cristo (la nueva naturaleza), se convierte en una nueva creación. La nueva naturaleza nos permite caminar una vida en el Espíritu y nos ayuda a no satisfacer los deseos de la carne (ver Gálatas 5:16). Veamos cómo lo explica el apóstol Pablo: *"Más bien, vístanse del Señor Jesucristo y no hagan provisión para satisfacer los malos deseos de la carne"* (Romanos 13:14 RVA-2015). La nueva naturaleza nos empoderará para vencer los deseos de la carne.

Serpiente Antigua

Cuando un hombre camina en la carne, le da acceso legal al enemigo, pero cuando un hombre camina en

> *El enemigo no tiene acceso legal a su vida a menos que Dios lo permita.*

su nueva naturaleza, tiene autoridad legal sobre el enemigo. El apóstol Pablo lo explica en Gálatas 5:16 RVA-2015 diciendo: *"Anden en el Espíritu, y así jamás satisfarán los malos deseos de la carne"*. Cuando un hombre anda en la carne, se convierte en el alimento del enemigo. Por ejemplo, el SEÑOR le dijo a la serpiente antigua: *"sobre tu vientre andarás, y polvo comerás todos los días de tu vida"* (Génesis 3:14b). Este versículo explica clara- mente cómo el hombre creado del polvo de la tierra se convirtió en la presa y alimento de la serpiente en la tierra. El enemigo, conocido como la serpiente en el libro de Génesis, se convierte en el dragón en el libro de Apocalipsis (ver Apocalipsis 20;2). Cuando un hombre se *"viste"* de Cristo, el enemigo no tiene acceso legal a su vida a menos que Dios lo permita.

Vieja Naturaleza

Mi vieja naturaleza hizo que me expulsaran de la universidad. Sufría de problemas de tartamudeo: incapaz de hablar correctamente en público, tenía problemas con el alcohol, odiaba leer y escribir, y lujuria sexual. A pesar de lo pecaminosa que era mi vieja naturaleza, cuando vine a Cristo, me convertí en una nueva creación. El viejo yo quedó enterrado y muerto, y nació un nuevo hombre. El nuevo hombre se graduó de la universidad, adquirió la capacidad de hablar en público sin tartamudear, disfruta de la lectura y la escritura, y vencí el alcohol y la lujuria sexual. Tú no eres la excepción. La Biblia dice en I Juan 1:9: *"Si confesamos nuestros pecados, Él es fiel y justo para perdonarnos los pecados y para limpiarnos de toda maldad"* ¡No dejes que tu pasado dicte tu futuro! En Cristo, nuestro pasado es borrado y olvidado. Las Escrituras dicen en Hebreos 8:12: *"Pues tendré misericordia de sus iniquidades, y nunca más me acordaré de sus pecados"*. Dios olvida nuestros pecados, pero la mayoría de las veces, le recordamos nuestro pasado.

Saulo Encuentra la Verdadera Luz

Dios olvidando nuestros pecados pasados me recuerda la historia de Saulo en su viaje a Damasco, *"resplandeció en su derredor una luz del cielo"* (Hechos 9:3b). Saulo encontró la Luz verdadera que cambió su vida por completo.

De hecho, Saulo, conocido por perseguir a la Iglesia, se convirtió en el conocido y respetado apóstol Pablo, y en lugar de matar cristianos o destruir y perseguir iglesias, estaba construyendo iglesias y edificando el cuerpo de Cristo.

Cuando Jesucristo entra en la vida de una persona, nace una nueva identidad. El viejo hombre es enterrado y muerto, y un nuevo hombre nace y vive. Pablo lo entendió, él le dice a la iglesia de Gálatas: "Con Cristo he sido crucificado, y ya no soy yo el que vive, sino que Cristo vive en mí" (Gálatas 2:20a). Pablo estaba diciendo que el hombre que anteriormente asesinó y persiguió a la Iglesia está muerto y un nuevo hombre nació por el Espíritu Santo. El Saulo que era conocido por perseguir a la Iglesia y matar cristianos ya no esta vivo. Saulo murió, y un hombre nuevo se levantó de la tumba, y su nombre era Pablo.

Hijo Único de Abraham

Abraham tuvo una experiencia similar. En tres ocasiones diferentes, Dios usó específicamente la frase "tu hijo, tu único" refiriéndose a Isaac (ver Génesis 22: 2, 12, 16). Pero, ¿no dice la Escritura que Abraham engendró otro hijo llamado Ismael? La verdad es que Abraham nunca engendró a Ismael. Abram engendró a Ismael, pero no a Abraham. Veamos lo que dice el libro de Génesis 16:15: *"Y Agar le dio a luz un hijo a Abram; y Abram le puso el nombre de Ismael al hijo que Agar le había dado"*. Esta escritura simplemente explica cómo Abram engendró a Ismael. Cuando Abram tenía noventa y nueve años, la Biblia dice en Génesis 17: 1 que *"el SEÑOR se le apareció"*, y en su encuentro con el SEÑOR, su nombre fue cambiado a Abraham. Entonces, Abraham engendró a Isaac, el hijo de la promesa. Abram engendró a Ismael, se apresuró a obtener la promesa de Dios, murió y nació como un nuevo hombre espiritual llamado Abraham. Eso es exactamente lo que sucede cuando una persona se viste de Cristo, se convierte en una nueva creación.

Resurrección de Lázaro

Uno de los milagros más increíbles en el ministerio de Jesucristo fue la resurrección de Lázaro. Jesús realizó una serie de milagros asombrosos tales como: restaurar las vista a los ciegos, liberar a los cautivos, hacer caminar a los cojos y paralíticos, calmar la tormenta, convertir el agua en vino, la pesca milagrosa, multiplicación de panes y peces, *"y hay también muchas otras cosas que Jesús hizo, que si se escribieran en detalle, pienso que ni aun el mundo mismo podría contener los libros que se escribirían"* (Juan 21:25). En las Escrituras, leemos de varios escenarios de personas resucitadas de entre los muertos. Veamos los siguientes ejemplos:

- *El hijo de la viuda de Sarepta* (I Reyes 17:17-24)

- *El hijo de la sunamita* (2 Reyes 4:18–37)
- *El hijo de la viuda de Naín* (Lucas 7:11–17)
- *La hija de Jairo* (Lucas 8:40–56)
- *Tabita en la iglesia primitiva* (Hechos 9:36–43)

El milagro de Lázaro fue algo único y especial. La resurrección de Lázaro fue el ultimo milagro que Jesús realizó en la tierra. Por lo general, el mejor espectáculo ocurre de ultimo, como la última presentación en un concierto o la mejor pelea de boxeo se lleva a cabo de ultimo. Lázaro era algo inusual; las Escrituras relatan que Lázaro estuvo muerto durante cuatro días. Una de las creencias judías de esa época era que el espíritu de una persona fallecida permanece alrededor del cuerpo hasta por tres días. La ciencia enseña que cuando una persona muere, los órganos internos del cuerpo humano comienzan a descomponerse después de 24 a 72 horas. Por lo tanto, los judíos entendieron que después de cuatro días, un cadáver no tenía esperanzas de resucitar.

Cuando Jesús llegó al cuarto día, María, la hermana de Lázaro, le dijo: "*Señor, si hubieras estado aquí, mi hermano no habría muerto*" (Juan 11:32). ¿Recuerda la historia de Marta y María? María fue la que se sentó a los pies del Señor escuchándolo mientras Marta servía (ver Lucas 10: 38-42). Quizás María escuchó acerca de los increíbles milagros, señales y prodigios de Jesús, cómo Jesús resucitó de entre los muertos a la hija de Jairo o al hijo de.

la viuda en Naín. Yo creo que unos días después de la muerte de Lázaro, María todavía tenía fe y creía que Jesús podía resucitarlo. Sin embargo, a medida que pasaban los días y Jesús no llegaba durante su propio tiempo, María y Marta comenzaron a perder la esperanza de que Lázaro volviera a vivir.

Continuando con el estudio de la historia de Lázaro, encontramos que después de que Jesús lo resucitó, salió de la tumba en un sudario. El evangelio de Juan dice lo siguiente:

> [43] Habiendo dicho esto, gritó con fuerte voz: ¡Lázaro, ven fuera! [44] Y el que había muerto salió, los pies y las manos atados con vendas, y el rostro envuelto en un sudario. —Juan 11:43-44

Aunque Lázaro estaba físicamente vivo, él estaba atado debido al sudario (vestidura de muerto). Jesucristo ha rescatado y liberado a muchos Creyentes de la droga-dicción, la prostitución, la fornicación, la depresión, el alcoholismo, la delincuencia, y así sucesivamente. Sin embargo, algunos Creyentes están estancado en su cami-nar y están atados porque no se deshacen de la vestidura de muerto (la vieja naturaleza). Es triste saber que los Creyentes han recibido el poder de la resurrección a través de Jesucristo y no están dispuestos a caminar en la novedad de vida porque se han vuelto demasiado

cómodos con su vieja naturaleza. Y si esta generación
no está dispuesta a quitarse su ropa de muerto, nunca
manifestara la gloria de Dios en la tierra.

Resurrección de Jesús

Lázaro resucitó con sus vestiduras de muerto, pero Jesucristo dejó Su ropa de muerto dentro de la tumba (ver
Juan 20:6-7). La vestidura de muerto no pertenece a
los vivos. La ropa de muerto pertenece a los que están
en la tumba. Debemos entender que hemos resucitado
con Cristo. Paulo escribió lo siguiente en el libro de
Romanos:

> Por tanto, hemos sido sepultados con Él por medio
> del bautismo para muerte, a fin de que como Cristo
> resucitó de entre los muertos por la gloria del Padre,
> así también nosotros andemos en novedad de vida.
>
> —Romanos 6:4

Jesucristo preparó el camino para que pudiéramos caminar en la novedad de la vida y revelar la plenitud de
Su grandeza en la tierra. Entonces, lo que nos impide
caminar en la novedad de la vida no es el enemigo, sino
nosotros mismos. Una generación nunca liberara la
gloria de Dios en la tierra hasta que decidan deshacerse
de sí mismos y permitir que Cristo reine.

Zarza Ardiendo

Cuando Dios llamó a Moisés en la zarza ardiente, le dijo a Moisés *"quítate las sandalias de los pies, porque el lugar donde estás parado es tierra santa"* (Éxodo 3:5b). Moisés era un asesino, pero su pasado no dicto su futuro; Él decidió quitarse las sandalias y entrar en un nuevo camino con el SEÑOR. Las sandalias simbolizan la vieja naturaleza o nuestro pasado. Y muchas veces, nos apegamos a nuestro pasado, o nuestra vieja naturaleza, y tenemos miedo o nos sentimos indignos de quitarnos las sandalias. Recuerda, Jesús pagó el precio por nuestro pasado, presente y futuro, y es nuestra decisión si entramos en la novedad de la vida o no. Es hora de que una generación escogida se quite las sandalias de los pies, deje atrás su pasado y comience a caminar un nuevo camino con el SEÑOR.

Antes de continuar, si te sientes atado al pecado, o al pasado, o cualquier cosa que te impida quitarte las sandalias, este es un momento de zarza ardiente en el que entregas todas tus preocupaciones a Jesucristo y comienzas un nuevo caminar con Él. Recuerde, Moisés fue un asesino y estuvo caminando con esta culpa durante muchos años. A pesar de eso, tomó la decisión de quitarse las sandalias. No conozco tu pasado ni tus luchas, sin embargo, conozco a Aquel que olvida nuestro pasado y hace nuevas todas las cosas.

El Poder de la Cruz

En el libro del profeta menor Zacarías, Josué era un sumo sacerdote que estaba vestido con vestiduras sucias delante del ángel del SEÑOR. El

> *Jesucristo proporcionó a la humanidad una nueva cobertura a través del derramamiento de Su sangre.*

ángel del SEÑOR quitó su iniquidad y lo vistió con ropa de gala (ver Zacarías 3:3-5). Josué, que significa *"Jehová es salvación"* [1], representa a Jesucristo, nuestro sumo sacerdote, que vino a la tierra y se vistió con las iniquidades y los pecados del mundo. Después de Su resurrección de entre los muertos, fue revestido de justicia. Jesucristo proporcionó a la humanidad una nueva cobertura a través del derramamiento de Su sangre. Debemos llegar a comprender completamente el poder de la cruz. Jesús realmente lo dijo en serio cuando dijo en Juan 19:30: *"Consumado es"*. Veamos los siguientes versos:

- *Él mismo llevó nuestros pecados en su cuerpo sobre la cruz, a fin de que muramos al pecado y vivamos a la justicia.* – 1 Pedro 2:24

- *Al que no conoció pecado, le hizo pecado por nosotros, para que fuéramos hechos justicia de Dios en Él.* – 2 Corintios 5:21

- *Cristo nos redimió de la maldición de la ley, habiéndose hecho maldición por nosotros.* – Gálatas 3:13

Hace dos mil años, Jesús cargó con todos nuestros pecados y nos olvidamos de lo que hizo Jesús en la cruz. Muchas veces, nos enredamos en nuestros pecados pasados, permitiendo que el enemigo construya fortalezas en nuestras mentes. En lugar de olvidar nuestro pasado, permitimos que nuestro pasado dicte nuestro futuro. Debemos tener cuidado para no terminar como la esposa de Lot como un pilar de sal (ver Génesis 19). La esposa de Lot estaba tan ocupada pensando en su vida pasada que olvidó de lo que le esperaba adelante. Nuestro hermano Pablo lo entendió claramente, escribió en Filipenses 3: 13-15:

> [13] Hermanos, yo mismo no considero haberlo ya alcanzado; pero una cosa hago: olvidando lo que queda atrás y extendiéndome a lo que está delante, [14] prosigo hacia la meta para obtener el premio del supremo llamamiento de Dios en Cristo Jesús. [15] Así que todos los que somos perfectos, tengamos esta misma actitud; y si en algo tenéis una actitud distinta, eso también os lo revelará Dios.

Necesitamos aprender a tener la mentalidad de Cristo presionando hacia nuestra meta y no volviendo a nuestro pasado. La Iglesia de Cristo no puede *"conformarse a este mundo, sino que* [necesita] *ser transformada mediante la renovación de* [su] *mente, para que* [pueda] *comprobar cuál es la buena voluntad de Dios, agradable y perfecta"* (Romanos 12:2, parafraseado). La Iglesia tiene que estar renovando sus mentes continuamente y permitiendo que el nuevo hombre lo gobierne. Por lo tanto, tenemos que cambiar nuestra perspectiva y comenzar a ver las cosas del Espíritu, no de la carne. Recuerda, Cristo sacrificó Su vida para que puedas caminar en novedad de vida a través de Él.

Nuevo Vino

En la parábola del odre, Jesús habló de no echar vino nuevo en odres viejos porque arruinaría los odres (ver Lucas 5: 37-38). Nuestro Creador deseaba derramar Su gloria sobre Su creación, pero desafortunadamente, Él no puede echar vino nuevo en odres viejos. Lo que significa que Dios no puede derramar Su gloria en nosotros si continuamente manifestamos nuestra vieja naturaleza. Si queremos recibir el vino nuevo que Dios tiene reservado para nosotros, necesitamos caminar y vivir en nuestra nueva creación. Por lo tanto, es hora de que esta generación escogida se despoje de su viejo hombre y se vista de Cristo, el nuevo hombre, para poder desatar Su gloria.

NUEVA CREACIÓN

El propósito de este capítulo es ayudarte a entender que eres una nueva creación en Cristo, y que es nuestra responsabilidad deshacernos de nuestra vieja naturaleza para que podamos caminar en la novedad de la vida revelando la plenitud de Su gloria en la tierra.

PREGUNTAS DE REPASO

1. Según 2 Corintios 5:17, ¿Qué sucede cuando estás en Cristo?

    _____

    _____

    _____

2. ¿Por qué es tan importante "vestirse de Cristo" según Romanos 13:14?

    _____

    _____

3. En la historia de Lázaro que se encuentra en el evangelio de Juan 11:43-44, ¿Qué le impidió a Lázaro caminar en la novedad de vida?

    _____

    _____

    _____

4. Según el relato de la resurrección de Jesús en Juan 20:6-7, ¿Dónde dejó Jesús Sus vestiduras de muerto?

_____

_____

5. ¿Cómo se relaciona la parábola de los odres en Lucas 5:37-38 con usted manifestando la gloria de Dios?

_____

_____

_____

PREGUNTAS PERSONALES

1. ¿Cuáles son algunas de sus luchas en su caminar con Cristo?

_____

_____

_____

2. ¿Hacer una lista de cosas en tu vida que te impiden caminar en la novedad de la vida?

_____

_____

_____

3. Aunque Lázaro estaba físicamente vivo después de que Jesús lo resucitó de entre los muertos, estaba atado a causa de las vendas. Fíjate en Juan 11:43-44 la ropa de muerto tenía a Lázaro atado en tres partes del cuerpo: manos (*que representan la obra de Dios*

en su vida), pies (*que representan el destino de Dios en su vida*) y rostro (*que representa la visión de Dios en su vida*). Describa brevemente cualquiera de las tres áreas de su vida en las que está atado.

Manos:

_____

_____

_____

Pies:

_____

_____

_____

Rostro:

_____

_____

_____

Nota: El mayor enemigo en nuestras vidas no es Satanás, el mayor enemigo somos nosotros mismos. Entonces, lo que te impide caminar en la novedad de la vida no es el enemigo sino tú mismo. Jesús pagó el precio en el Calvario para que la humanidad pudiera heredar una nueva naturaleza. Sin embargo, eres responsable de deshacerte de la vieja naturaleza de tu vida. Si deseas profundamente derramar la gloria de Dios en tu vida, entonces debes deshacerte del viejo hombre y comenzar a caminar en el nuevo.

Tiempo de Oración: Tomemos un momento y oremos para que el Espíritu Santo revele cualquier atadura en tu vida que te impida manifestar la gloria de Dios en tu vida.

Padre Celestial,

Me hiciste una nueva creación a través de Jesucristo, y deseo caminar en la novedad de la vida que me diste. Entonces, hoy tomo la decisión de echar todas mis preocupaciones hacia Ti porque Tú te preocupas por mí. Me presento a Ti como un sacrificio vivo. Por Tu gracia, fortaleza y el empoderamiento del Espíritu Santo, me quito las sandalias de, (Sea específico, por ejemplo: mentira, enojo, resentimiento, culpa, lujuria, et.) y hoy entro en un nuevo caminar con mi SEÑOR y Salvador Jesucristo. La Escritura dice en el evangelio de Mateo 11: 28-30, "Venid a mí, todos los que estáis cansados y cargados, y yo os haré descansar. Tomad mi yugo sobre vosotros y aprended de mí, que soy manso y humilde de corazón, y hallareis descanso para vuestras almas. Porque mi yugo es fácil y mi carga ligera". Toma mi yugo, y mi carga para que pueda encontrar descanso en Ti. Te doy gracias por hoy, mañana y para siempre. Te doy toda la gloria, el honor y la alabanza. En el precioso nombre de Jesucristo.

Amén.

CAPÍTULO 3

Imagen del Hombre

²⁶ Y dijo Dios: Hagamos al hombre a nuestra imagen, conforme a nuestra semejanza... ²⁷ Creó, pues, Dios al hombre a imagen suya, a imagen de Dios lo creó; varón y hembra los creó.

—Génesis 1:26-27

AL PRINCIPIO DE LA creación, Dios creó la tierra, el firmamento, los mares, la vegetación y todo lo que existe en la tierra con el sonido de Su voz. En el sexto día de la creación, Dios formó al hombre del polvo de la tierra. De toda la creación de Dios, el hombre se convirtió en la creación exclusiva, creada a Su imagen y semejanza. Adán se convirtió en el primer ser humano creado a imagen de Dios. Después de ser creado, el SEÑOR lo colocó en una morada perfecta llamada el

Jardín del Edén, donde habitó en la presencia de Dios y fue portador de Su gloria. Él era la representación perfecta de la figura de Dios en la tierra, creada para gobernar y tener dominio sobre la tierra y sobre cada criatura viviente.

¿Qué es una Imagen?

La palabra hebrea para "imagen" como se usa en Génesis 1:26 es la palabra "*selem*",[1] que proviene de una palabra raíz no

> *Tu has sido creado para reflejar la imagen original de la gloria de Dios en la tierra.*

utilizada "*sel*", que significa sombra.[2] El diccionario Merriam-Webster define la palabra "sombra" como *una imagen reflejada*.[3] Entonces, cuando Dios dijo en Génesis 1:26, "*Hagamos al hombre a nuestra imagen*", simplemente quiso decir (en mis propias palabras), "*Crearé al hombre para que se convierta en Mi sombra, o una imagen reflejada de Mí mismo en la tierra*". Esto implica que tu has sido creado para reflejar la imagen original de la gloria de Dios en la tierra.

Datos Sobre las Sombras

Una sombra no puede coexistir o moverse sin un objeto. Por ejemplo, si un objeto gira, la sombra gira, o si el objeto se mueve hacia arriba o hacia abajo, la sombra se mueve en la misma dirección. Por lo tanto, una sombra depende de un objeto para existir. Asimismo, la humanidad es totalmente dependiente del Creador, y sin el Creador, la humanidad no puede existir. Sin un objeto, no hay sombras, y sin el Creador tu no existes.

Otro dato interesante sobre una sombra es la distancia entre la fuente de luz y el objeto que determina el tamaño de la sombra. Cuanto más cerca está un objeto de la fuente de luz, más grande se vuelve la sombra. Cuanto más lejos está un objeto de la fuente de luz, más pequeña es la sombra. Y eso es exactamente lo que ocurrió cuando el hombre pecó contra Dios, trajo separación entre la creación y el Creador. Por lo tanto, cuanto más cerca está el

> *Cuanto más cerca está el hombre del Creador, mayor es la manifestación de Su gloria.*

hombre del Creador, nuestra fuente de vida, mayor es la manifestación de la gloria de Dios que refleja en la tierra. Es en el corazón de Dios que Su creación se acerca a Él. Santiago explica esto más claramente: *"Acercaos a Dios, y Él se acercará a vosotros"* (Santiago 4:8a). Dios desea que Su creación refleje Su gloria, sin embargo, Él está esperando que Su creación se acerque a Él. Acercarse a Dios significa profundizar tu relación personal con Él.

Caída del Hombre

Cuando Adán y Eva pecaron contra Dios, la imagen perfecta de Dios que el hombre reflejaba en la tierra se contaminó. La contaminación implica algo que está en un estado de pureza, y por medio de algún tipo de adulteración, cambia a un estado de impureza. Por ejemplo, si dejo caer una pequeña porción de sucio en un vaso de agua limpia, ¿bebería una persona el vaso de agua? Por supuesto que no, ¿por qué? Por el simple hecho de que el agua se ha contaminado.De manera similar, el pecado entró en el hombre y contaminó la imagen del hombre y resultó en que el hombre heredara una naturaleza pecaminosa.

La naturaleza pecaminosa se convirtió en la piedra de tropiezo de la humanidad para manifestar Su gloria y separó al hombre de Su Creador. La buena noticia es que Jesucristo preparó el camino en la cruz y destruyó la naturaleza pecaminosa del hombre para permitir que la humanidad se convirtiera en la sombra de Dios en la tierra. En este capítulo abordaré tres formas en que el pecado contaminó la imagen original del hombre.

VESTIMENTA

La primera forma en que el pecado contaminó la imagen del hombre fue la vestimenta. La vestimenta desempeña un papel esencial en nuestra sociedad al cubrir la desnudez del hombre y la mujer. Las personas usan diferentes tipos de vestimenta, dependiendo del tipo de clima. A medida que cambian las estaciones, una persona puede usar abrigos en invierno, vestidos en primavera, pantalones cortos en verano y camisa largas o suéteres en otoño. El plan original de Dios era que Su creación se vistiera con Su naturaleza gloriosa. Sin embargo, la vestidura de perfección, justicia y santidad que cubría al hombre se perdió después de la caída del hombre.

> *El plan original de Dios era que Su creación se vistiera con Su naturaleza gloriosa.*

Pérdida de la Cobertura

La humanidad es la única creación de Dios que usa ropa para cubrir su desnudez. Todo lo que el SEÑOR creó tiene su propia cobertura. Por ejemplo, los peces tienen escamas, las aves tienen plumas, los mamíferos tienen pelo o pelaje y los árboles tienen hojas. El pecado hizo que la humanidad perdiera su gloriosa cobertura y se convirtió en la única criatura sin cobertura. Leamos brevemente lo que sucedió después de que Adán y Eva pecaron contra el SEÑOR:

> [7] Y fueron abiertos los ojos de ambos, y se dieron cuenta de que estaban desnudos. Entonces cosieron hojas de higuera, y se hicieron delantales. [8] Cuando oyeron la voz del SEÑOR Dios que se paseaba por el jardín en la brisa del día, el hombre y su mujer se escondieron de la presencia del SEÑOR Dios entre

los árboles del jardín. [9] Pero el SEÑOR Dios llamó al hombre y le preguntó: ¿Dónde estás tú? [10] Él respondió: Oí tu voz en el jardín y tuve miedo, porque estaba desnudo. Por eso me escondí. [11] Le preguntó Dios: ¿Quién te dijo que estabas desnudo? ¿Acaso has comido del árbol del que te mandé que no comieras? [21] Luego el SEÑOR Dios hizo vestidos de piel para Adán y para su mujer, y los vistió.

—Génesis 3:7-11, 21 RVA-2015

Antes de la caída, Adán y su esposa no usaban ningún tipo de cobertura física para cubrirse porque Dios mismo se convirtió en su cobertura. Después de que Adán y Eva comieron del árbol prohibido, sus ojos se abrieron y reconocieron que la gloria que los cubría ya no estaba presente con ellos. Entonces, Adán y su esposa se avergonzaron de su desnudez y quisieron solucionar el problema. Decidieron coser hojas de higuera para crear una especie de vestimenta que cubriera su desnudez. En aquel momento, cuando escucharon la voz de Dios que se paseaba por el Jardín del Edén, ambos se escondieron de Su presencia porque se dieron cuenta de que las hojas de higuera no podían cubrir su acto pecaminoso.

Maldición de la Higuera

¿Alguna vez te has preguntado por qué Jesús maldijo a la higuera? (ver Marcos 11:12-14; Mateo 21:18-22.) Algunos erudito de la Biblia ven la higuera el árbol que Jesús maldijo representando la esterilidad de la nación de Israel. Según las Escrituras, la higuera no estaba en la temporada para dar fruto. Entonces, ¿por qué entonces Jesús decidió maldecir a la higuera que no estaba en temporada para dar fruto? Él maldijo el árbol para ilustrar que la humanidad ya no necesitará hojas de higuera para cubrir sus actos injustos. En cambio, la expiación de Jesús en la cruz le dio a Su creación el derecho a ser revestido una vez más con la gloria de Dios. La maldición de la higuera ejemplificó el intento que Adán y Eva hicieron en el jardín de cubrirse con justicia propia en lugar de volverse a Dios para arrepentirse. Al principio, el enemigo decidió exponer la desnudez de Adán y Eva, sin embargo, Dios decidió cubrir su desnudez e hizo una expiación, simbolizando la redención eterna de Jesucristo. Podemos ver el asombroso amor del Padre cuando decidió cubrirlos con túnica de piel para cubrir su desnudez.

Desnudez de Noé

La historia de Noé y sus tres hijos es una ilustración similar. Noé se embriagó de vino y quedó desnudo en medio de su tienda, y uno de sus hijos llamado Cam vio la desnudez de su padre, y en lugar de Cam cubrir la desnudez de su padre, decidió contárselo a sus hermanos, Sem y Jafet. Sem y Jafet no actuaron como su hermano Cam, sino que inmediatamente cubrieron la desnudez de su padre (ver Génesis 9: 20-23). Jesús, nuestro hermano mayor, no expuso nuestra desnudez, en cambio nos cubrió con Su sangre, cubriendo nuestra desnudez.

Vestiduras Limpias

Es nuestra responsabilidad como ciudadanos del Reino mantener nuestras vestiduras limpias. En Eclesiastés 9:8 dice: *"sean blancas tus vestiduras"* (RVA-2015). Jesús cumplió Su asignación en la cruz. Sin embargo, ahora es nuestro deber mantener nuestras vestiduras limpias. El libro de Éxodo proporciona a todos los creyentes una instrucción sobre cómo mantener nuestras vestiduras limpias. Después de hablar con Dios en el Monte Sinaí, Moisés llegó con buenas noticias a la nación de Israel de acuerdo con el siguiente pasaje de Éxodo 19:10-11:

> [10] El Señor dijo también a Moisés: Ve al pueblo y conságralos hoy y mañana, y que laven sus vestidos; [11] y que estén preparados para el tercer día, porque al tercer día el Señor descenderá a la vista de todo el pueblo sobre el monte Sinaí.

En las escrituras anteriores, Dios invitó a Su pueblo a reunirse con Él en el Monte Sinaí. Pero, antes de que el pueblo de Israel pudiera reunirse con Dios, Él les dio un requisito: consagrarse durante tres días. La clave para mantener nuestras vestiduras limpias es consagrar nuestra vida al SEÑOR. Jesucristo limpió nuestras vestiduras contaminadas con el derramamiento de Su sangre en la cruz del Calvario, pero es nuestra obligación como Creyentes cristianos mantener limpias nuestras vestiduras viviendo una vida consagrada ante Él. La palabra "consagrar" proviene de la palabra hebrea "*qadash*", que significa *ser apartado*.[4] Dios está llamando a una generación escogida a vivir una vida apartada para Él, y a separarse de los deseos y la injusticia del mundo. El apóstol Pablo nos da una breve explicación sobre cómo vivir una vida santificada en su segunda carta a la iglesia de Corintios:

[14] No estéis unidos en yugo desigual con los incrédulos, pues ¿qué asociación tienen la justicia y la iniquidad? ¿O qué comunión la luz con las tinieblas? [15] ¿O qué armonía tiene Cristo con Belial? ¿O qué tiene en común un creyente con un incrédulo? [16] ¿O qué acuerdo tiene el templo de Dios con los ídolos? Porque nosotros somos el templo del Dios vivo, como Dios dijo: Habitaré en ellos, y andaré entre ellos; y seré su Dios, y ellos serán mi pueblo. [17] Por tanto,

salid de en medio de ellos y apartaos, dice el Señor; y no toquéis lo inmundo, y yo os recibiré. [18] Y yo seré para vosotros padre, y vosotros seréis para mí hijos e hijas, dice el Señor Todopoderoso.

—2 Corintios 6:14-18

Pablo instruye a los corintios que no tengan asociación ni comunión con el mundo, y que se separen del mundo. El apóstol se refiere a separarnos del mundo como no ser participe ni practicar la injusticia y la iniquidad del mundo. Dios desea recibir Su creación hacia Él. Sin embargo, la única manera en que Él recibirá Su creación es si Su creación consagra sus vidas a Él. Él promete en las escrituras anteriores ser nuestro Padre, y seremos sus hijos e hijas si vivimos una vida apartada para Él.

COMUNIÓN

El segundo punto en el que el pecado contaminó la imagen del hombre fue con nuestra comunión. La palabra "comunión" simplemente significa *compañerismo, relación entre dos personas o más, relación mutua.*[5] La intención para la creación de Dios no era solo comunicarse con Él, sino tener una comunión íntima con Él. Cualquiera tiene la capacidad de comunicarse con una persona. Sin embargo, la comunión es el resultado de una relación íntima. Antes de la caída, Adán y Eva tenían una relación de íntima comunión con el Creador. Por lo tanto, el pecado trajo una brecha entre el hombre y Dios, separando al hombre de Su Creador.

¿Cuál es la Consecuencia del Pecado?

La Escritura dice: *"la paga del pecado es muerte"* (Romanos 6:23a). La consecuencia del pecado es la muerte y el resultado de la muerte es la separa-

> *El plan original de Dios era que Su creación se vistiera con Su naturaleza gloriosa.*

ración. Cuando una persona muere, trae una separación entre los miembros de la familia y el fallecido. Los familiares ya no tienen comunión con la persona fallecida. En el libro de Génesis, vemos claramente cómo la naturaleza pecaminosa separó a Adán y Eva de la presencia de Dios y les trajo la muerte:

Y oyeron al SEÑOR Dios que se paseaba en el huerto al fresco del día; y el hombre y su mujer se escondieron de la presencia del Señor Dios entre los árboles del huerto.—Génesis 3:8

Inmediatamente después de que Adán y su esposa comieron del árbol prohibido, ellos murieron espiritualmente, y eventualmente, ambos murieron físicamente. El pecado no sólo trajo la muerte a la raza humana sino que separó a la humanidad de la presencia de Dios. En el Antiguo Testamento, Dios proporcionó sacrificios de animales, el tabernáculo, templos y días de fiesta para tener comunión con Su pueblo. Sin embargo, Dios tenía un plan perfecto al enviar a Su Hijo unigénito, Jesucristo, para ser el mediador permanente entre el cielo y la tierra, restaurando nuestra comunión con nuestro Creador.

Jacob y Natanael

Jacob tuvo un sueño, y en él vio una escalera *"apoyada en la tierra cuyo extremo superior alcanzaba hasta el cielo; y he aquí, los ángeles de Dios subían y bajaban por ella"* (Génesis 28:12). Por otro lado, Natanael tuvo un encuentro con Jesús en el que Él le dijo que vería *"el cielo abierto y a los ángeles de Dios subiendo y bajando sobre el Hijo del Hombre"* (Juan 1:51).

La escalera que vio Jacob en el sueño simboliza al Hijo del Hombre que le fue revelado a Natanael. Jesucristo se convirtió en el puente que reconectó el cielo y la tierra a través de la redención de Su sangre y crucifixión; Él se convirtió en el mediador entre Dios y el hombre (ver 1 Timoteo 2:5) y le dio a la humanidad pleno acceso al trono del Padre. La palabra "ángel" usada en la escritura anterior de Génesis 28 es la palabra hebrea *"malak"* que literalmente significa *mensajero o representante.*[6] "Ángel" en Juan 1:51 es *"Angelos"* en griego que significa *un mensajero, disfrutar, uno que es enviado, un ángel, un mensajero de Dios.*[7] Si te das cuenta en las escrituras anteriores, los ángeles ascendieron primero al cielo, luego descendiendo a la tierra. ¿No deberían los ángeles descender primero a la tierra antes de ascender al cielo? Los ángeles que fueron revelados a Jacob y Natanael representan a un Creyente de Cristo trayendo el reino de los cielos a la tierra. Tú eres responsable de invadir el reino de Dios en la tierra.

¿Quién es Nuestro Consolador?

Jesús se convirtió en nuestro mediador, y nosotros en embajadores de Cristo en la tierra para predicar y manifestar el reino de Dios (2 Corintios 5:20). El pecado causó una brecha entre el cielo y la tierra que impidió a la creación comunicarse con el Creador. Esa relación fue restaurada por Jesucristo en la cruz. Jesucristo tuvo que ascender al cielo para llenar la brecha entre la tierra y el cielo. No solo se convirtió en el puente, sino que ascendió al cielo y nos envió un Consolador. Veamos lo que Jesús dijo sobre el Consolador en la siguiente escritura:

Pero les digo la verdad: Les conviene que me vaya porque, si no lo hago, el Consolador no vendrá a ustedes; en cambio, si me voy, se lo enviaré a ustedes.

—Juan 16:7 NVI

El consolador que Jesús nos envió es la persona más importante en la tierra: el Espíritu Santo. El Espíritu Santo capacita a cada creyente para vivir una vida extraordinaria. Los líderes y creyentes de la Iglesia primitiva en el libro de los Hechos dependían totalmente del Espíritu Santo, eran movidos por Él y vivían de Él (ver Hechos 5:32; 11:12,28; 13:4; 15:28; 16: 6). Veamos algunas de las asignaciones del Espíritu Santo:

- *Él te enseñará todas las cosas* (Juan 14:26).
- *Él traerá a la memoria todas las cosas que Jesús dijo* (Juan 14:26).
- *Él traerá paz* (Juan 14:27).
- *Él testificará de Jesús* (Juan 15:26).
- *Él convencerá al mundo de pecado, justicia y juicio* (Juan 16:8).
- *Él te guiará a toda la verdad* (Juan 16:13).
- *Él no hablará por Su propia autoridad, pero todo lo que escuche Él lo hablará* (Juan 16:13).
- *Él te dirá cosas por venir* (Juan 16:13).
- *Él glorificará a Jesús* (Juan 16:14).
- *Recibirás y serás investido de poder* (Lucas 24:49, Hechos 1:8).

Él era la parte más importante de la iglesia primitiva. Sin el Espíritu Santo, no hay comunión con el Padre Celestial. Jesús nos da acceso al reino de los cielos, pero el Espíritu Santo nos permite tener comunión con el Padre.

AUTORIDAD

Finalmente, lo último que contaminó el pecado fue la autoridad original del hombre. La humanidad fue creada para tener el poder legal de gobernar y tener dominio sobre la tierra. Veamos lo que dicen las Escrituras en Génesis 1:26-28:

> [26] Y dijo Dios: Hagamos al hombre a nuestra imagen, conforme a nuestra semejanza; y ejerza dominio sobre los peces del mar, sobre las aves del cielo, sobre los ganados, sobre toda la tierra, y sobre todo reptil que se arrastra sobre la tierra. [27] Creó, pues, Dios al hombre a imagen suya, a imagen de Dios lo creó; varón y hembra los creó. [28] Y los bendijo Dios y les dijo: Sed fecundos y multiplicaos, y llenad la tierra y sojuzgadla; ejerced dominio sobre los peces del mar, sobre las aves del cielo y sobre todo ser viviente que se mueve sobre la tierra.

Adán y Eva se convirtieron en los administradores de Dios de la tierra y fueron creados para gobernar y tener dominio sobre cada criatura viviente en la tierra. Dios siempre tuvo autoridad absoluta sobre los cielos y todo el universo, excepto el planeta tierra. Entonces, ¿por qué

Dios no intervino cuando Adán y Eva comieron del árbol prohibido, o por qué no impidió que la serpiente los engañara? Porque Él le dio a Adán y Eva toda autoridad en la tierra.

Autoridad del Hombre

El hombre nunca fue creado para gobernar sobre otro hombre, pero se le ha dado autoridad legal sobre toda creación, incluyendo a Satanás y sus demonios. Un

> *La humanidad fue creada para tener el poder legal de gobernar y tener dominio sobre la tierra.*

espíritu sin cuerpo es un extranjero ilegal en la tierra. El Creador o las criaturas celestiales no intervienen en el reino de la tierra sin el permiso legal de la humanidad. Por ejemplo, un demonio necesita un cuerpo en el cual operar, o el Espíritu Santo necesita un vaso para manifestarse. Satanás tuvo que disfrazarse de serpiente para engañar a Eva porque no tenía derecho legal a estar en el jardín. En cambio, Dios en forma corporal vino a la tierra como hombre para restaurar legalmente Su trono en la tierra. Después de la caída, Adán y Eva perdieron toda autoridad legal en la tierra y entregaron las llaves de la autoridad al enemigo. Sin embargo, Dios tenía un plan de salvación a través de Jesucristo para redimir a la humanidad de la maldición y restaurar la autoridad de la creación (Lucas 10:19), Jesús dando al hombre el derecho de nacer de nuevo en la familia de Dios (Juan 3:3-8).

Poder de Resurrección

Jesús de Nazaret derrotó el pecado en la cruz del Calvario y redimió a la humanidad de los pecados del mundo a la salvación eterna. El poder de la resurrección de Jesucristo ha sido otorgado a todos los Creyentes: autoridad legal y acceso al reino de Dios, el privilegio de morar en Su presencia y la oportunidad de tener comunión con Él. Las generaciones han fallado porque rechazaron, desobedecieron y se rebelaron contra el SEÑOR. Sin embargo, el SEÑOR mismo está formando una generación escogida con Sus propias manos que caminará en el poder de Su gloria, una generación que no permitirá que el sistema del mundo los corrompa o moldee, ni permitirá que el enemigo los engañe. El SEÑOR desea manifestar la plenitud de Su gloria en la tierra, pero necesita un vaso accesible que esté dispuesto a acercarse a Dios y reflejar Su gloria. ¿Estás dispuesto a convertirte en un vaso accesible en las manos del Creador? Si su respuesta es sí, pasemos al siguiente capítulo.

IMAGEN DEL HOMBRE

El propósito de este capítulo es entender que fuimos creados para reflejar la imagen original de la gloria de Dios en la tierra.

PREGUNTAS DE REPASO

1. Según Génesis 1:26-27, ¿A imagen de quién creó Dios al hombre? ¿Cómo te sientes sabiendo que fuiste creado a Su imagen?

    _____

    _____

    _____

2. Según el libro de Santiago 4:8, ¿Qué sucede cuando te acercas a Dios?

    _____

    _____

    _____

Nota: Está en el corazón de Dios que reflejes Su gloria, sin embargo, debes acercarte a Él. Acercarse a Dios significa profundizar su relación personal con Él.

3. Leer Isaías 59:1-2 y escribe lo que está separando al hombre de Dios.

_____

_____

_____

Nota: El pecado se ha convertido en el obstáculo del hombre para manifestar la gloria de Dios, y es lo que separó al hombre del Creador. La buena noticia es que Jesús pagó el camino en la cruz y demolió la naturaleza pecaminosa del hombre.

PREGUNTA PERSONAL

1. En tus propias palabras, ¿Qué significa para ti ser creado a imagen de Dios y reflejar Su gloria en la tierra?

_____

_____

_____

_____

_____

_____

_____

CAPÍTULO 4

Vaso Escogido

*Pero ustedes son linaje escogido, real sacer-
docio, nación santa, pueblo adquirido,
para que anuncien las virtudes de aquel
que los ha llamado de las tinieblas a su luz
admirable.*

—1 Pedro 2:9

Yo crecí en Brooklyn, Nueva York, donde el baloncesto fue una parte influyente de mi adolescen-
cia. En 2005, mi tercer año de secundaria, mi mejor
amigo (Ricardo) y yo decidimos probar para el equipo
de baloncesto. El primer día de la prueba de baloncesto,
comenzamos con dos líneas a cada lado de la cancha.
Este entrenamiento se hizo para probar la capacidad
de hacer bandejas (layups) con cada mano. Mi amigo
carecía la habilidad de hacer bandejas con la mano

izquierda, un problema que él temía. Al principio, él hizo un buen trabajo con la mano derecha. Pero, cuando tuvo que cambiar a su mano izquierda, hizo la bandeja (layup) más horrible que he visto en el juego de baloncesto. Este tiro impresionante atrajo la atención de todos los entrenadores. Después que terminó la prueba, me dirigí al vestuario y vi a Ricardo que tenia una mirada decepcionada y destrozada.

Le pregunté: "*¿Qué pasó, mi hermano?*"

Me miró y dijo: "*No lo logré*".

"*¿De verdad?*" le respondí.

Con cara de tristeza respondió: "*Sí, el entrenador me dijo: 'Vete a casa   No vas a lograrlo'*".

Confundido, dije: "*¿Qué pasó?*"

Él dijo: "*Fue cuando traté de hacer la bandeja con la mano izquierda*".

Desafortunadamente, mi amigo no pudo ser parte del equipo, pero de los 40 estudiantes aproximadamente que participaron en la prueba, yo fui uno de los seleccionados para ser parte del equipo de baloncesto. Todos los estudiantes son elegibles para probar para el equipo de baloncesto, pero no todos los estudiantes

Dios nos ha dado el libre albedrío para elegir nuestro destino y el derecho de convertirnos en Su vaso escogido.

que se presentan a las pruebas son escogidos. Asimismo, todos en la tierra son elegibles para unirse al ejército de Jesucristo, pero solo unos pocos son escogidos. Jesús lo dijo de esta manera: *"Porque muchos son llamados, pero pocos son escogidos"* (Mateo 22:14). Cada persona en la tierra tiene un llamado especial del Creador. Sin embargo, no todos los que son llamados son escogidos por defecto. Dios nos ha dado el libre albedrío para elegir nuestro destino y el derecho de convertirnos en Su vaso escogido.

CORAZÓN DE UN ESCOGIDO

El llamado de una persona no garantiza que se convertirá en un vaso escogido, pero la condición de su corazón sí. Como se dijo en un capítulo anterior, el Creador puede ver más allá de lo que nosotros mismos podemos percibir; un hombre ve la apariencia exterior, pero Dios ve nuestros corazones. Si estudiamos la vida del rey Saúl y David, notaremos que eran muy similares. David y Saúl eran pastores, fueron ungidos por el mismo profeta y juez, Samuel, y ambos compartían llamamientos similares de Dios: convertirse en rey de Israel. A pesar de su similitud, David se convirtió en un vaso escogido de Dios, mientras que Saúl fue rechazado por Dios. La diferencia entre Saúl y David no era su llamado, sino la condición de su corazón. David es conocido como un hombre conforme al corazón de Dios (ver Hechos 13:22) porque su objetivo era agradar a Dios y no a los hombres, mientras que Saúl valoraba la opinión del pueblo en lugar de obedecer y honrar a Dios (ver I Samuel 15:30).

Oportunidad de David para el Reinado

Los celos de Saúl hacia David lo llevaron a perseguir a David durante muchos años. Esta persecución a su vez llevó a David al desierto donde pasó muchos años corriendo por su vida. En medio de esta situación difícil, David se enfrenta con varias oportunidades para derrotar a Saúl, poner fin a su vida y convertirse en el nuevo rey de Israel (ver I Samuel 24:1-6; 26:23). Pero David no mata a Saúl porque él le temía a Dios, y entendía el principio de honrar la autoridad de Dios.

Desde una perspectiva mundana, David perdió la oportunidad de ejercer su llamado como rey al no matar a Saúl. Sin embargo, el corazón de David nunca estaba atrás del cumplimiento de su llamado, más bien, él estaba siguiendo el corazón de Dios. Es triste ver personas que no están dispuestas a honrar a quienes están autoridad. Muchos, en lugar de honrar a los que tienen autoridad, se encargan de cumplir el llamado de Dios sobre sus vidas y están dispuestos de matar o destruir la reputación de otra persona. Si desea profundamente convertirse en un vaso escogido de Dios, entonces debe buscar tener un corazón según el corazón de Dios.

Moisés y la Tierra Prometida

En el capítulo 33 de Éxodo vemos cómo Dios le ofrece a Moisés la oportunidad de heredar la Tierra Prometida, pero Moisés rechazó la oferta de Dios. ¿Por qué Moisés rechazó la oportunidad de poseer la tierra que fue prometida por Dios? Tal vez sea porque Él entendió un aspecto muy importante de la naturaleza de Dios: Su presencia. Moisés no iría a ninguna parte sin la presencia de Dios. Su corazón no solo estaba en llegar a su destino, sino que él quería algo más, algo más grande, algo a lo que Dios estaba aludiendo a lo largo del viaje con el pueblo de Israel: Su presencia. La presencia de Dios es lo único que nos completa y nos llena. No hay nada de malo en seguir la promesa de Dios, pero a veces nos enfocamos tanto en llegar a nuestro destino que nos olvidamos de Su presencia.

Mientras escribía este libro, tuve muchas oportunidades de apresurarme en el proceso. Sin embargo, para mí no se trataba solo de escribir un libro, sino que durante todo el proceso, Su presencia estuviera presente. ¿Cuál es el beneficio de llegar a tu destino, o la promesa de Dios en tu vida, y saber que Dios no está contigo? Por ejemplo, después de que el Espíritu de Dios se apartó del rey Saúl, Saúl siguió ejecutando su llamado como rey, pero Dios ya no estaba con Él, Su presencia se había ido. El hecho de que puedas fluir en tus dones y ser usado por Dios no indica que Dios esté contigo. Un ejemplo de esto es cuando Saúl comenzó a profetizar entre los profetas, aunque estaba fluyendo con el don profético, no era un profeta, y esto no era un indicador de la permanencia de la presencia de Dios en su vida. Hay personas como el rey Saúl que continúan en su posición del llamado de Dios, persiguiendo su destino, pero Dios no está con ellos. En lugar de buscar el corazón de Dios, se enfocan en cumplir con su llamado. En lugar de honrar al hombre de Dios como David honró a Saúl, pisotean a sus líderes, los matan y hacen cualquier cosa para ejecutar su llamado en lugar de desear a ser un vaso escogido de Dios.

Ester Versus Absalón

Ester fue elegida entre miles de mujeres para convertirse en la reina de Persia. La pregunta es, ¿qué distinguió a Ester de las otras jóvenes que hizo que fuera escogida? Yo creo que Ester buscaba el corazón del rey mientras las demás buscaban el esplendor y los beneficios del reino. El libro de Ester 2:13 dice que:

> Entonces la joven venía al rey de esta manera: cualquier cosa que ella deseaba se le concedía para que la llevara consigo del harén al palacio del rey.

Sin embargo, cuando fue el turno de Ester de pasar la

noche con el rey, las Escrituras dicen:

> Cuando a Ester, hija de Abihail, tío de Mardoqueo, que la había tomado como hija, le tocó venir al rey, ella no pidió cosa alguna sino lo que le aconsejó Hegai, eunuco del rey, encargado de las mujeres.
>
> —Ester 2:15a

Cada candidata tenía la oportunidad de elegir cualquier cosa de las habitaciones de las mujeres, Ester no pidió nada, pero el consejo de Hegai, uno de los eunucos del rey. Esto demuestra que el deseo de Ester era agradar al rey.

Por otro lado, Absalón vivió en Jerusalén durante dos años sin ver el rostro de David su padre (ver II Samuel 14:28). Él tenía pleno acceso al reino y sus beneficios, pero no tenía acceso al rey. El Reino de Dios es el Reino más hermoso, pero tendemos a prestar más atención a la mano beneficiaria del Rey, que al Rey mismo. Todas las jóvenes tenían acceso al reino, pero solo Ester fue escogida para convertirse en Reina de Persia porque deseaba el corazón del rey.

Josué y Caleb

De los millones de israelitas liberados de Egipto, ¿sabes cuántos entraron en la Tierra Prometida? Sólo dos: Josué y Caleb. Ellos fueron los únicos hombres a los que se les permitió entrar a la Tierra Prometida debido a su corazón. Es por eso que la Escritura dice: *"Con toda diligencia guarda tu corazón, porque de él brotan los manantiales de la vida"* (Proverbios 4:23). Muchos de nosotros nos enfocamos en guardar nuestro testimonio y nos olvidamos de guardar nuestro corazón, el indicador de nuestro testimonio. Ahora que entiendes la importancia de la condición de tu corazón, vamos a elaborar tres principios sobre cómo llegar a ser un vaso escogido por Dios.

TOMAR UNA DECISIÓN

Tomar una decisión es la clave inicial para que una generación escogida manifieste la gloria de Dios en la tierra. El primer paso que tomé para unirme al equipo de baloncesto fue simplemente decidir probar para el equipo. Si miramos nuestra vida diaria, podemos notar que están llenas de decisiones. Algunas de las decisiones de nuestra vida son insignificantes, pero otras son extremadamente importantes. Todo lo que hace una persona, desde el momento en que se despierta por la mañana, es tomar una serie de decisiones, como: la oración de la mañana, la ropa que debe ponerse, qué comer, si ir al gimnasio, ir al trabajo, qué libro leer, qué ver en la televisión, y así sucesivamente.

Cada decisión en la vida exige una acción. Por ejemplo, si desea perder peso, tendrá que hacer cambios en su dieta y, dependiendo de su objetivo, es posible que deba hacer ejercicio. Dios no expresó Su amor solo con palabras, sino que reveló Su amor a través de Sus acciones (ver Juan 3:16). Como un acto de amor hacia la humanidad, Dios entregó a su Hijo unigénito (Jesucristo) para ser crucificado, para que nosotros (la humanidad) podamos recibir la vida eterna. Si realmente deseas revelar la gloria de Dios, no solo tienes que tomar una decisión, sino que tienes que actuar de acuerdo con esa decisión.

Elige Tu Destino

Las decisiones determinarán nuestro destino, pero también pueden determinar el destino de las generaciones futuras. Por esa razón, es extremadamente importante tomar decisiones sabias. La decisión de Adán y Eva de comer del fruto prohibido marcó el curso de su propio destino y, por lo tanto, fueron removidos del jardín de Edén y de la presencia de Dios. Además, su decisión afectó a toda la raza humana, haciendo que la humanidad heredara una naturaleza pecaminosa.

> *Dios nos ha dado el libre albedrío para elegir nuestro destino y el derecho de convertirnos en Su vaso escogido.*

Un GPS es conocido para ayudar a las personas llegar a su destino. Sin embargo, el usuario del sistema de navegación es responsable de elegir qué ruta tomar para llegar al destino deseado. Por ejemplo, Dios le dio al pueblo de Israel su destino, que era llegar a la Tierra Prometida. Sin embargo, fue su decisión la que determinó su resultado. Como resultado de sus decisiones, los israelitas permanecieron cuarenta años en el desierto, cuando en realidad, todo el viaje podría haber durado unas pocas semanas. Tú estás encargado de tu propio destino, y si deseas entrar en la Tierra Prometida en tu vida, entonces tienes que tomar decisiones sabias.

Dos Caminos de la Vida

En el Sermón del Monte, Jesús ofrece a la humanidad la libertad de elegir su destino. Leamos lo que dice Jesús en Mateo 7:13-14:

> [13] Entrad por la puerta estrecha, porque ancha es la puerta y amplia es la senda que lleva a la perdición, y muchos son los que entran por ella. [14] Porque estrecha es la puerta y angosta la senda que lleva a la vida, y pocos son los que la hallan.

Jesús identifica dos tipos de caminos entre los cuales la humanidad debe elegir: el camino estrecho que lleva a la vida o el camino ancho que lleva a la destrucción. Entonces, ¿por qué la mayoría de la gente escogen el camino de la destrucción en lugar del camino que conduce a la vida? Yo concluí que es porque el camino de la vida es difícil y pocos están decididos a atravesarlo. Muchas personas tratan de tomar la decisión correcta de entrar por la puerta estrecha, pero es cuando se enfrentan a las dificultades de la vida que deciden tomar el camino fácil.

¿Cómo nosotros tomamos exitosamente el camino estrecho de la vida? La respuesta se encuentra en el libro de Zacarías cuando el SEÑOR le dijo: *"No por el poder ni por la fuerza, sino por mi Espíritu"* (Zacarías 4:6b). Durante más de veinte años traté de cambiar mi vida con mis propias fuerzas, pero siempre me quedé corto. Era adicto a la pornografía, al alcohol, a la lujuria sexual y nunca pude superar mis adicciones. Sin embargo, cuando el Espíritu Santo entró en mi vida, comprendí que era sólo a través de Su empoderamiento que yo podía triunfar. El Espíritu Santo es la clave fundamental para pasar exitosamente por el camino estrecho.

> *El Espíritu Santo es la clave fundamental para pasar exitosamente por el camino estrecho.*

Rojo o Azul

Hay una película muy famosa llamada *The Matrix* de los productores, Lilly y Lana Wachowski. En una escena de la película, un personaje llamado Morpheus le da al protagonista de la película, Neo, la decisión de elegir entre una pastilla roja o una azul. Leamos lo que Morpheus le dijo a Neo:

> *Tomas la pastilla azul, la historia termina. Te despiertas en tu cama y crees lo que quieras creer. Te tomas la pastilla roja, te quedas en el país de las maravillas y te enseño lo profundo que llega la madriguera del conejo.*[1]

Neo se le dio la opción de enfrentar la realidad o vivir su vida como una ilusión. ¿Y usted? ¿Qué pastilla vas a tomar? ¿La pastilla azul, que representa la puerta ancha, o la pastilla roja, que representa la puerta estrecha? Si deseas manifestar la gloria de Dios en tu vida, eso significa la puerta estrecha. El camino estrecho es el camino más difícil de la vida, ¡pero es el más gratificante! Hoy, la decisión está en tus manos, al igual que el camino de tu vida. Si no estás dispuesto a seguir a Jesucristo de todo corazón, este libro no es para ti. Este libro está escrito para una generación escogida que está dispuesta a sacrificar sus vidas completamente a Jesucristo y seguir Su camino. Si estás dispuesto a hacer ese sacrificio, pídele al Espíritu Santo que te empodere.

CALCULAR EL COSTO

¿Cuándo fue la última vez que tomaste una decisión equivocada y lo lamentaste? ¿O cuándo fue que perdiste tu tiempo en una relación infructuosa, tomaste una decisión de inversión equivocada o te metiste en problemas por estar con personas equivocada? La razón por la que me expulsaron de la universidad, lastimé a las personas que amo y me endeudé financieramente se debió a las malas decisiones que tomé en mi vida. La mayoría de mis percances en la vida son un subproducto de las malas decisiones que tomé. Sin embargo, a través de todos mis errores, aprendí la importancia de calcular el costo. Es raro ver a las personas calculando el costo antes de tomar una decisión, porque es más fácil actuar por impulso o emociones que ser juicioso. Jesús aclara este punto en Lucas 14:28-32:

> [28] Porque, ¿quién de vosotros, deseando edificar una torre, no se sienta primero y calcula el costo, para ver si tiene lo suficiente para terminarla? [29] No sea que cuando haya echado los cimientos y no pueda terminar, todos los que lo vean comiencen a burlarse de él, [30] diciendo: Este hombre comenzó a edificar y no pudo terminar. [31] ¿O qué rey, cuando sale al encuentro de otro rey para la batalla, no se sienta primero y delibera si con diez mil hombres es bastante fuerte como para enfrentarse al que viene contra él con veinte mil? [32] Y si no, cuando el otro todavía está lejos, le envía una delegación y pide condiciones de paz.

Jesús proporciona dos ejemplos perfectos aquí de la importancia de calcular el costo de una decisión. Como ilustración, antes de decidir pedirle matrimonio a mi hermosa esposa, Clara, y después de comprometernos, primero tuve que hacer un presupuesto para la boda y el anillo, buscar un apartamento para mudarme después de la boda, averiguar si tenía suficiente dinero para comprar los muebles para el apartamento y muchas otras cosas que eran importantes para preparar un hogar para mi esposa y formar mi propia familia. Tuve que calcular el costo antes de casarnos. Calcular el costo significa considerar las consecuencias de una acción. Es tratar de averiguar cómo una decisión puede afectarlo o beneficiarlo a usted y a otras personas involucradas. Este es un principio muy simple y necesario, porque entender este principio y aplicarlo te salvará de muchos problemas. Muchos son sinceros en su deseo de tomar constantemente la decisión correcta, pero pocos son lo suficientemente sabios como para calcular el costo.

PAGAR UN PRECIO

Miles de atletas de toda parte del mundo participan en una competencia llamada Juegos Olímpicos. Los atletas que participan en las Olimpiadas se preparan con meses y años de entrenamiento fuerte, sacrificando tiempo lejos de sus familias e iniciando periodos de dietas estrictas y ejercicios extremos. Todo atleta que participa en las Olimpiadas paga un gran precio para participar. Asimismo, si desea manifestar la gloria de Dios en la tierra y convertirse en un verdadero discípulo de Jesucristo, debe pagar un precio. Sin sacrificio (o sin pagar el precio), no hay gloria. Jesús mismo nos dio el ejemplo perfecto cuando entregó Su vida en la cruz para que pudiéramos alcanzar la vida eterna. Lo que hace a un verdadero discípulo de Jesucristo es aquel que está dispuesto a llevar su cruz y venir en pos de Él; esto significa la muerte a sí mismo. Muchos creyentes desean seguir a Jesús, pero no quieren pagar el precio del discipulado, que es tomar su cruz (instrumento de muerte), y seguirlo a Él al lugar del sacrificio que produce la gloria de Dios. Ahora, veamos lo que Jesús dijo a Sus discípulos en Mateo 16:24-25:

> 24 Entonces Jesús dijo a sus discípulos: Si alguno quiere venir en pos de mí, niéguese a sí mismo, tome su cruz y sígame. 25 Porque el que quiera salvar su vida, la perderá; pero el que pierda su vida por causa de mí, la hallará.

Seguir a Jesús y entregar tu vida a Él significa que serás odiado por el mundo. Es hora de que volvamos al camino estrecho y aprendamos el costo del verdadero discipulado en la vida cristiana. La Biblia dice en Mateo 22:14: *"Porque muchos son llamados, pero pocos son escogidos"*. Una de las principales razones porque pocos son escogidos es porque solo unos pocos están dispuestos a pagar el precio. Para convertirse en un vaso escogido de Dios, se debe pagar un precio. Jesús fue escogido por Dios para ser nuestro Mesías, pero tuvo que morir en la cruz por la humanidad. José fue escogido para gobernar sobre Egipto, pero antes de que eso ocurriera, fue vendido como esclavo por sus hermanos y encarcelado por su amo. Moisés fue escogido para liberar al pueblo de Israel de la mano del Faraón y guiarlo en el camino del SEÑOR, pero antes de eso, él tuvo que sobrevivir el decreto del Faraón. David fue escogido para ser rey sobre Israel, pero tuvo que soportar un tiempo de persecución que vino por la mano de Saúl. Daniel fue escogido para servir en posiciones prominentes del gobierno después de ser tomado cautivo por el Imperio Babilónico, y a lo largo de su vida soportó muchas pruebas, incluso sobreviviendo el foso de los leones. No hay una sola decisión que no tenga consecuencias, y por cada consecuencia hay que pagar un precio. Si deseamos ver a una generación trasformar el mundo para la gloria de Dios, debemos tomar la decisión correcta, calcular el costo y pagar el precio.

VASO ESCOGIDO

El propósito de este capítulo es para explicar la importancia de tener un corazón correcto para ser un vaso escogido. También aprendimos los tres principios sobre cómo convertirse en un vaso escogido.

PREGUNTAS DE REPASO

1. ¿Qué es más importante seguir el llamado de Dios o el corazón de Dios? ¿Y por qué?

_____

_____

_____

2. En tus propias palabras, ¿Por qué David fue escogido y Saúl rechazado por Dios?

_____

_____

_____

3. Leer Mateo 22:14 y escribe con tus propias palabras lo que significa este versículo.

_____

_____

_____

4. IEn el Sermón del Monte, Jesús identifica dos caminos hacia la vida. En tus propias palabras, describe por qué las personas escogen cada camino (Ver Mateo 7:13-14).

Camino Estrecho:

_____

_____

_____

Camino Ancho:

_____

_____

_____

5. De acuerdo a Lucas 14:38-32, ¿Por qué es extremadamente importante calcular el costo?

_____

_____

_____

6. ¿Qué les dice Jesús a Sus discípulos en Mateo 16:24-25 que es la consecuencia si deciden negarlo?

_____

_____

_____

_____

Nota: Seguir a Jesús significa morir uno mismo. Para convertirse en un vaso escogido de Dios, se debe pagar un precio y para caminar por el camino estrecho, primero debemos negarnos a nosotros mismos.

PREGUNTAS PERSONALES

1. ¿Cuándo fue la última vez que tomaste una decisión equivocada y lo lamentaste? ¿Y cómo te afectó esa decisión?

_____

_____

_____

2. Haga una lista de tres decisiones equivocadas que ha tomado en su vida y explique cuál fue el resultado de la decisión equivocada.

Decisión A:

_____

_____

_____

Decisión B:

_____

_____

_____

Decisión C:

_____

_____

_____

3. Haga una lista de tres decisiones correcta que ha tomado en su vida y explique cuál fue el resultado de la decisión correcta.

Decisión A:

_____

_____

_____

Decisión B:

_____

_____

_____

Decisión C:

_____

_____

_____

4. ¿Cómo te ayuda calcular el costo para tomar una mejor decisión?

_____

_____

_____

Actividad Personal: Tome una hoja de papel y dóblela por la mitad. Luego, en la primera mitad del papel, haz una lista de las decisiones que te gustaría tomar o estás a punto de tomar. En la segunda mitad del papel, escribe una lista sobre las consecuencias de esas decisiones. Medita en cada decisión y pregúntate si estás dispuesto a pagar el precio.

Tiempo de Oración: Tomemos un momento y oremos para que Dios nos dé sabiduría para tomar la decisión correcta en nuestra vida.

Padre Celestial,

Hoy, te pido de acuerdo a tu Palabra que me des sabiduría para que pueda tomar decisiones sabias en mi vida. También te pido que "me des el espíritu de sabiduría y revelación en el conocimiento de Ti, para que los ojos de mi entendimiento sean iluminados; para que pueda saber cuál es la esperanza de Tu llamamiento, y cuáles son las riquezas de la gloria de Tu herencia, y cuál es la extraordinaria grandeza de Tu poder hacia mí, conforme a la eficacia de Tu fuerza" (parafraseado, Efesios 1:17-19). En el precioso nombre de Jesucristo.

Amén

CAPÍTULO 5

Descubriendo Tu Identidad

*Cuando llegó Jesús a la región de Cesarea
de Filipo, preguntó a sus discípulos, diciendo: ¿Quién dicen los hombres que es el
Hijo del Hombre?*

—Mateo 16:13

SABÍAS QUE DE LAS billones de personas que viven en
la tierra, tú posees tus propias huellas digitales, tono
de voz, ADN y color de ojos? Dios creó a cada persona
con una identidad única. Entonces, ¿qué es la identidad?
La "identidad" es *el carácter o la personalidad distintiva
de un individuo.*[1] Una identidad es lo que te diferencia
de los demás. Desafortunadamente, miles de personas
mueren diariamente sin descubrir sus identidades, lo
que significa que las personas mueren sin saber quiénes
son. La tierra está llena de muchas personas dotadas y

talentosas sin identidad. Esta crisis de identidad impide que la humanidad manifieste Su gloria.

Robo de Identidad

El robo de identidad *es el uso ilegal de información personal de otra persona.*[2] Cuando escuchamos sobre el robo

> *La mayor clave del éxito se encuentra en ser quien eres.*

de identidad, la persona piensa automáticamente en robar información personal como el número de seguro social o una tarjeta de identificación. Sin embargo, las personas están tratando de encontrar su identidad en otra persona. Por ejemplo, observe cómo las personas se visten, hablan, actúan o intentan convertirse en alguien que no son debido a la falta de identidad. La mayor clave del éxito se encuentra en ser quien eres. Solo siendo quién eres puedes alcanzar el nivel de éxito que estás destinado a tener. Cualquier persona que camine fuera de su identidad se encontrará viviendo una vida insatisfecha. Por lo tanto, para que esta generación manifieste la gloria de Dios, deben aprender a aceptar su verdadero yo.

Generación de Doble Ánimo

La crisis de identidad es un problema que esta generación esta enfrentando. Luchan por identificar su género (incapaces de identificarse como mujer o hombre), trabajan en un trabajo que no les gusta y viven una vida insatisfactoria. ¿Sabías que miles de estudiantes en los Estados Unidos cada año persiguen una carrera con una alarmante sensación de incertidumbre? Las siguientes son algunas estadísticas universitarias encontradas en una rápida búsqueda en Google:

- *El 57% de los estudiantes matriculados en la universidad no terminan después de seis años. De ese 57%, el 33% de ellos abandona por completo. El 24% restante permanece matriculado en la escuela, ya sea a tiempo completo o parcial.* [3]

- *El 28 % de los estudiantes abandonan los estudios antes de completar el segundo año.* [3]

- *El 27 % de los estudiantes de posgrado obtienen empleo en carreras relacionadas.* [4]

- *Se estima que entre el 20 y el 50% de los estudiantes ingresan a la universidad como indecisos, y se estima que el 75 % de los estudiantes cambian de programas académico al menos una vez antes de la graduación.* [5]

Estas estadísticas ilustran que más del 50 % de los estudiantes universitarios siguen una carrera con una mentalidad incierta, el 28 % de los estudiantes abandonan la escuela sin obtener una licenciatura y alrededor del 73 % de los estudiantes que se gradúan no están empleados en la carrera que estudiaron. Es doloroso ver esas estáticas. ¡Qué confundida está nuestra generación acerca de quiénes son! No saber para qué Dios te creó resultará en vivir una vida confusa y frustrada. Solo nuestro Creador conoce nuestra identidad, y si no tenemos una relación con nuestro Creador, entonces nunca sabremos quiénes somos y viviremos una vida insatisfecha.

El apóstol Santiago afirma en su carta que *"el hombre de doble Ánimo es inestable en todos sus caminos"* (Santiago 1:8 RVA-2015). Un hombre de doble ánimo es una persona que es insegura, dubitativa y confundida, reflejando un estilo de vida inestable. La razón por la que esta generación está cambiando de carrera o abandonando la universidad y viviendo un estilo de

> *Si no tenemos una relación con nuestro Creador, entonces nunca sabremos quiénes somos.*

vida inestable es porque no pueden descubrir quiénes son. No solo el mundo no sabe quiénes son, sino que la Iglesia tampoco sabe quiénes son. El Dr. Lance Wallnau declaró que el 80% del cuerpo de Cristo nunca cumple la obra que Dios los llamó a hacer. [6] Esto significa que 8 de cada 10 creyentes no saben quiénes son en Cristo.

Experiencia de Vida

Yo era uno de los muchos estudiantes que tenía doble ánimo en mis caminos. Entonces, sé cómo se siente seguir una carrera con incertidumbre para obtener una licenciatura. Desde muy joven, mis padres me dijeron que para tener éxito en la vida, tenía que ir a la escuela y obtener un título universitario. Sin embargo, el verdadero éxito no depende de una carrera sino de lo que Dios te llama a ser. De todos mis amigos de la universidad que se graduaron, la mayoría de ellos no están trabajando en sus carreras. Luchan por encontrar trabajo y los trabajos que tienen no les gustan.

> *El éxito no está determinado por el nivel de educación o la licenciatura que una persona pueda obtener, está determinado por el propósito del Creador para su vida.*

Éxito en la Vida Real

El sistema educativo le ha enseñado a nuestra generación una falsa realidad de éxito. Nuestro sistema educativo define una vida exitosa como una ocupación que proporciona un buen salario. El concepto de que una licenciatura de un individuo determina su nivel de éxito no es realista. Muchas personas exitosas en el mundo nunca fueron a la escuela secundaria y muchos abandonaron la universidad. Algunas personas que son ejemplo de esto son las siguientes: Steve Jobs, el director ejecutivo de Apple; Bill Gates, el director ejecutivo de Microsoft, el comediante Steve Harvey, y otros. El éxito no está determinado por el nivel de educación o la licenciatura que una persona pueda obtener, está determinado por el propósito del Creador para su vida. El verdadero éxito viene cuando una persona camina en alineación con el propósito de Dios en su vida. Permítanme aclararme, no estoy alentando a nadie a abandonar la universidad o a no continuar con una carrera educativa. Personalmente, yo siempre me estoy educando, sin embargo, quiero desafiar a cada lector a descubrir por qué estás aquí en la tierra. Si se trata de convertirse en médico, maestro, ingeniero, ministro, empresario, lo que sea, entonces sígalo con todo su corazón. Es tan esencial saber quién eres porque una persona sin identidad es como una persona muda que le pide dirección a una persona ciega.

Sociedad Falsa

El mundo se ha convertido en lo que yo llamo una sociedad falsa, lo que significa que el mundo está lleno de personas que no son auténticas. Por ejemplo, hay maestros en el sistema educativo que no están llamados a ser maestros, o médicos en el campo hospitalario que no están destinados a ser médicos, o pastores en la iglesia que nunca fueron llamados a ser pastores. La falta de identidad está afectando a toda la raza humana y está impidiendo que las generaciones manifiesten la gloria de Dios en la tierra. Debemos entender que el cuerpo de Cristo está compuesto con diferentes miembros, y cada miembro tiene un propósito específico (ver 1 Corintios 12:12-27). Por ejemplo, la mano está creada para agarrar, los pies para caminar y la lengua para probar la comida. Cada parte del cuerpo tiene una función en el cuerpo, y cada persona tiene una función en el cuerpo de Cristo. Para algunos, su parte es construir un negocio, trabajar en el gobierno, ser ministros del evangelio, y así sucesivamente. Sin embargo, el problema es que las personas tienden a tratar de ser una parte del cuerpo que no están destinadas a ser. Imagínese tratando de caminar con la cara, correr con las manos o comer con los pies. Eso es exactamente lo que está haciendo las personas en nuestra sociedad, tratando de convertirse en alguien que no son. Mi objetivo en este capítulo es ayudarlo a descubrir su identidad mientras discuto las siguientes áreas por las cuales se define la personalidad de un individuo: dones, propósito, vestimenta y vocabulario.

DONES

Si pudieras tener cualquier tipo de superpoder, ¿cuál sería? ¿Sería súper velocidad, invisibilidad, súper fuerza, control mental, volar u otra opción? Al crecer, muchos de nosotros queríamos tener un superpoder. Recuerdo que cuando era niño, jugaba a superhéroes contra

Un don sin Dios se corrompe.

villanos con mis amigos. Fingíamos ser nuestro personaje favorito de superhéroe o villano y peleábamos entre nosotros. Tanto los superhéroes como los villanos tienen habilidades sobrenaturales. El villano usa su poder para el mal, y el superhéroe usa su poder para el bien. Cada persona tiene un don sobrenatural dentro de ellos. Sin embargo, la forma en que una persona utiliza sus dones podría determinar si se convierte en un superhéroe o un villano. Por ejemplo, Adolf Hitler tenía un don de liderazgo. Hitler pudo comunicar e influenciar toda una nación. Pero él usó su don para traer destrucción. En mis años universitarios, yo estaba tratando de escribir un libro sobre cómo enamorar a las chicas. Estaba usando mi don para influenciar a otros estudiantes en el camino equivocado. Un don sin Dios se corrompe. Si deseas ver tu don florecer, ponlo en las manos de Dios. Veamos algunos ejemplos en las siguientes Escrituras:

- *Bezalee fue dotado por Dios para diseñar obras artísticas* (Éxodo 31:1-5).
- *Daniel fue dotado para entender visiones y sueños* (Daniel 1:17).

- *Daniel y sus tres amigos fueron dotados por Dios con conocimiento y sabiduría, y fueron considerados diez veces mejores que todos los magos o astrólogos de Babilonia (Daniel 1:17,20).*

- *La salvación es un regalo gratuito dado al hombre por Dios (Juan 3:16).*

¿Qué es un Don?

Una de las claves para identificar quién eres es identificar tu don. La palabra "don" en griego es *charisma*, que

> *Tu don te permitirá cumplir tu visión y el propósito en tu vida.*

es *el favor que uno recibe sin ningún mérito propio*. [7] En el Diccionario Merriam Webster significa *algo transferido voluntariamente por una persona a otra sin compensación*. [8] Por lo tanto, un don es algo que no se adquiere. Incluso, un don es una herencia gratuita que un individuo recibe de otro individuo.

Nuestro Creador ha depositado un don irrevocable dentro de cada uno de nosotros (ver Romanos 11:29). No puede ser robado o quitado, pero en cambio, puede quedar inactivo o ser manipulado por el enemigo. Leamos lo que dice el libro de Proverbios con respecto a nuestros dones: "*La dádiva del hombre le abre camino y lo lleva ante la presencia de los grandes*" (Proverbios 18:16). El rey Salomón entendió la importancia de poder identificar tus dones. Es el don de una persona que abre la puerta al éxito. Tu don te permitirá cumplir tu visión y el propósito en tu vida. Cuando ejerces tu don, crearás un camino hacia su destino.

Dones Versus Habilidades

Primero, una persona debe ser capaz de diferenciar entre dones y habilidades. Un *don* es una herencia gratuita de nuestro Creador, mientras que una *habilidad* es una capacidad aprendida convertida en acción. Yo disfruto mucho el juego de baloncesto, y me considero un buen tirador de media distancia. Sin embargo, yo no nací con mis habilidades de tirar; más bien se desarrollaron con el tiempo. Uno de los problemas es que las personas confunden sus habilidades y pasiones con sus dones. Si una persona puede cocinar, no significa automáticamente que la persona haya nacido para convertirse en chef, o si una persona ama a los animales, no significa que esté llamada a convertirse en veterinaria. No confundas tus pasiones o tus habilidades con tu don. Puede ser engañoso y bloquearte de alcanzar tu verdadero potencial.

Como dije en el libro de Proverbios, es nuestro don, no nuestra educación, que nos abre camino y nos lleva ante la presencia de los grandes. No estoy en contra de la educación, más bien creo que la educación debe usarse para desarrollar tu don. En la escuela, un estudiante aprende a leer, escribir, comunicarse, resolver problemas de matemáticas y muchas otras habilidades que son muy importantes en la vida. Mientras tanto, el sistema educativo se enfoca en desarrollar tus habilidades, no tus dones. Es por eso que vemos estudiantes que abandonan la escuela, empleados que odian sus trabajos y personas que viven vidas insatisfactorias. Muchas personas son engañadas haciéndoles creer que las habilidades que han aprendido en sus vidas los llevarán a lo que el mundo define como "verdadero éxito". Algunas personas definen el éxito como obtener el auto de sus sueños, la casa de sus sueños, una familia ideal, o obtener la libertad financiera. Aun así, la vida que están viviendo les hace sentirse miserables por dentro. El verdadero éxito llega cuando primero le das tu vida a Jesucristo y comienzas a operar en tu asignación terrenal.

¿Cuál es Tu Don?

Tal vez te estés preguntando: "¿Cuál es mi don?" Es algo que viene naturalmente y no requiere mucho esfuerzo para realizarlo. Algunos ejemplos de los dones de las personas son los siguientes: hacer reír a las personas, comunicarse, resolver problemas, servir, contar historias, aconsejar, enseñar, ayudar a los demás y más. Uno de mis dones es el liderazgo. Desde muy joven, siempre fui el líder del grupo, y he tenido el privilegio de ser un influencer. No es algo que haya anhelado o buscado; es algo que sucede naturalmente. Recuerda, tu don es una herencia gratuita con la que naciste, y necesita ser descubierto por ti. Si no conoces tu don, pregúntale a Dios, tu Creador. Él sabe exactamente cuál es tu dádiva y el propósito de tu don. La Biblia dice: "*Pidan, y se les dará*" (Mateo 7:7a RVA-2015). Si no pides, no esperes recibir. Antes de continuar leyendo, tómate unos minutos y ora al Padre para que te ayude a descubrir tu don.

José el Soñador

Miremos la historia de José y veamos cómo su don le abrió camino y lo posiciono ante la presencia de los grandes (ver Génesis 37-47). José nació con el don de soñar. Soñar era el don de José; él no oró ni le pidió a Dios que le impartiera el don de soñar. A la edad de diecisiete años, José tuvo un sueño y se lo contó a sus hermanos, causándole grandes problemas. El don de soñar de José hizo que sus hermanos lo odiaran y lo vendieran como esclavo. Él terminó en Egipto trabajando para Potifar, oficial del faraón y capitán de la guardia. El SEÑOR estaba con José, y Potifar lo hizo mayordomo de su casa. Cuando la esposa de Potifar trató de acostarse con José, él huyó de ella y luego fue acusado de tratar de acostarse con ella. Potifar se enojó y envió a José a prisión. En prisión, José tuvo la oportunidad de interpretar dos sueños. Después de un período de tiempo, Faraón tuvo un sueño y José fue el único que pudo interpretar el sueño. La historia termina con José siendo posicionado en una posición de autoridad como gobernador de todo Egipto.

El don de José lo llevó al peor momento de su vida; lo que significa que las dificultades que José atravesó trajo la mejor temporada de su vida. Puede parecer que las cosas van mal en tu vida; sin embargo, el SEÑOR te está preparando para llevarte ante la presencia de los grande. Cuando comenzamos a leer la historia de José, leemos acerca de un joven con la capacidad de soñar, pero después de el ser procesado, él no solo era un soñador, sino que también poseía la capacidad de interpretar sueños.

En esta historia, vemos claramente cómo el don de José le abrió camino para su destino y lo posiciono como el gobernador de todo Egipto. Tu don puede hacer que tus compañeros se sientan incómodos; pueden terminar criticándote, odiándote o incluso envidiándote. Tu don te llevará a las dificultades en la vida. La Escritura dice que "*Dios es fuego consumidor*" (Hebreos 12:29), y si deseas ver la gloria de Dios manifestada en tu vida, debes atravesar por el fuego. El fuego se usa para purificar el oro. El oro es un metal precioso que muchas personas usan para adornarse, pero antes de que el oro se vuelva valioso, debe ser refinado por fuego. Dios es el alfarero, y Él está formando en nosotros un vaso glorioso. Sin embargo, el vaso debe pasar a través del fuego del horno para ser utilizable. No hay gloria sin ser refinado por el fuego. Si desea que tu don funcione a su máxima capacidad, debe ser refinado por la mano del Alfarero.

Daniel

Otro gran ejemplo de cómo encontrar tu don es la historia de Daniel. Daniel fue llevado cautivo por Babilonia, donde sirvió bajo el rey Nabucodonosor. Daniel tenía el don de entender visiones y sueños. Su don le permitió conocer el sueño del rey e interpretarlo. El don de Daniel lo promovió para convertirse en gobernante de toda la provincia de Babilonia (ver Daniel 2:48).

Ejercer Tu Don

Cuando identifiques tu don, entonces es hora de desarrollar y ejercer nuevas habilidades. Digamos que tu don es servir y decides trabajar como mesero en un restaurante. Cada cliente que atiende está extremadamente satisfecho con su servicio. Después de unos años de trabajar en el restaurante, decides aprender habilidades diferente para desarrollar aún más tu don, por lo que decides estudiar liderazgo, negocios, administración y contabilidad. Entonces decides abrir tu propio restaurante para brindar el mejor servicio posible a una comunidad. Dios te da un don para que lo desarrolles y bendigas a otros.

La Parábola de los Talentos

El ejemplo perfecto de cómo desarrollar tu don se encuentra en la parábola de los talentos. En Mateo 25:14-30, Jesús habló de la parábola de los talentos en la que un hombre salió de su casa para viajar y encomendó sus bienes a sus tres sirvientes. El primer siervo recibió cinco talentos, el segundo dos y el último uno solo. Después de un período de tiempo, el hombre regresó de su largo viaje para obtener las cuentas de sus tres sirvientes. Los primeros dos sirvientes duplicaron el valor de sus talentos, mientras que el último sirviente enterró su talento en la tierra. El hombre recompensó con gratitud a los dos sirvientes que duplicaron sus ganancias, pero el último sirviente que decidió enterrar su talento fue castigado.

El maestro representa al SEÑOR, y los talentos representan nuestros dones que Dios ha puesto en nosotros. La moraleja de la parábola es ser fructífero con lo que el SEÑOR te ha confiado. Nosotros somos responsables de ser fructíferos con el don de Dios en nuestras vidas. Pregúntate qué estás haciendo con los dones que Dios ha depositado en tu vida. (*Dedique unos minutos a meditar y reflexionar sobre la pregunta*). Recuerde, dentro de usted hay un don especial diseñado para impactar a miles de personas, pero está esperando ser despertado, utilizado y desarrollado. Por lo tanto, te animo a que avives el don de Dios que está en ti (ver 2 Timoteo 1:6).

PROPÓSITO

La segunda área a tratar cuando se descubre la identidad es el propósito. El libro de Rick Warren, *"Una Vida con Propósito"*, ha vendido más de 30 millones de copias. La pregunta: "¿Por qué estamos aquí en la tierra?" es una pregunta que más de 30 millones de personas no pueden responder. "¿Por qué estoy aquí en la tierra?" fue la pregunta más difícil que tuve que responder en mi vida. Si deseas saber por qué estás aquí, simplemente pregúntale a Dios, Aquel que sabe todas las cosas y te creó. Nuestro Creador es el único que sabe exactamente el propósito para el cual fuiste creado.

Myles Munroe hizo una de las declaraciones más poderosas que impactaron toda mi vida. Él dijo: *"La mayor tragedia en la vida no es morir, sino vivir sin propósito"*. [9] Morir sin cumplir el propósito de tu vida es como vivir una vida como si nunca hubieras nacido. Una persona nace verdaderamente cuando puede saber por qué está aquí en la tierra. No es hasta que una persona puede responder a esa pregunta que puede comenzar a vivir.

Después de que sepas por qué estás aquí en la tierra, entonces tu don te ayudará a ejecutar el propósito de Dios en tu vida. Digamos que cuando cumpliste dieciocho años, tus padres decidieron comprarte un auto nuevo como regalo

Es el deber de Dios esconder Su propósito dentro del hombre, pero es nuestra misión buscarlo y descubrirlo.

de cumpleaños, pero decidieron no darte la llave del auto. Tienes este hermoso auto nuevo en el garaje que no puedes usar porque no tienes la llave. La llave simboliza tu propósito y el carro tu don. Y hasta que no consigas la llave, nunca podrás operar completamente en tu don, que es el auto. El propósito de tu don es ayudarte a ejecutar el plan de Dios en tu vida. Entonces, te puedes preguntar: "¿Cómo yo puedo encontrar el propósito de mi vida?" El propósito que estás buscando ya está en ti. Es el deber de Dios esconder Su propósito dentro del hombre, pero es nuestra misión buscarlo y descubrirlo.

Propósito Versus Asignación

Primero, debemos entender la diferencia entre un propósito y una asignación. Tanto el propósito como la asignación se correlacionan entre sí, pero tienen una pequeña diferencia. Un *propósito* es simplemente por qué estás aquí en la tierra, y una *asignación* es una responsabilidad específica y designada en la tierra. En las Escrituras, notamos que cada hombre o mujer de fe tenía su propia asignación. Dios tiene una asignación especial en el cielo para ti listo para ser manifestado en la tierra. Veamos algunos ejemplos en las Escrituras.

Adán

Desde los días de Adán hasta ahora, cada persona en la tierra nació con una asignación específica. Una de las asignaciones de Adán fue nombrar a cada animal en la tierra. ¿Cómo tuvo Adán la capacidad de nombrar a millones de animales y recordar a cada uno de ellos? La asignación especial de Adán le permitió realizar lo sobrenatural. Y tu asignación va a desatar lo sobrenatural de Dios en tu vida.

Profetas

Cada profeta registrado en la Biblia tenía el mismo propósito: ser la voz de Dios en la tierra. Pero todos los profetas tenían diferentes asignaciones. Veamos algunos ejemplos:

- *El mensaje de Juan el Bautista fue el bautismo de la remisión del pecado y el arrepentimiento hacia Dios.*

- *Jeremías era conocido como el profeta llorón, que advirtió al pueblo de Israel que se arrepintiera y predijo el exilio de Babilonia y la caída de Jerusalén.*

- *Daniel fue un profeta en el exilio que habló del ascenso y la caída de los imperios y del fin de los tiempos.*

Doce Apóstoles

Los doce apóstoles fueron llamados para la Gran Comisión (Mateo 28:16-20), sin embargo, todos ellos poseían una asignación especial. Por ejemplo, el apóstol Pablo fue llamado específicamente a predicar a los gentiles. Pablo tuvo la gracia dada por Dios para ministrar a los gentiles.

La Importancia de una Asignación

Es importante que una persona identifique su asignación en la vida porque traerá dirección en su caminar con Dios. Un propósito en la vida de una persona traerá claridad a su vida. Mientras tanto, una asignación le provee una dirección específica. En otras palabras, un hombre sin una asignación es un hombre sin dirección.

Sangre en Tus Manos

Un Creyente que no cumpla con su propósito enfrentará consecuencias y deberá dar cuenta al SEÑOR. Veamos lo que el SEÑOR le dijo a Ezequiel:

[7] A ti, oh hijo de hombre, te he puesto como centinela para la casa de Israel. Oirás, pues, la palabra de mi boca y les advertirás de mi parte. [8] Si yo digo al impío: 'Impío, morirás irremisiblemente', y tú no hablas para advertir al impío de su camino, el impío morirá por su pecado; pero yo demandaré su sangre de tu mano. [9]

Pero si tú adviertes al impío de su camino para que se aparte de él, y él no se aparta de su camino, él morirá por su pecado; pero tú habrás librado tu vida.

– Ezequiel 33:7-9 RVA-2015

Ezequiel fue recono-cido como uno de los Profetas Mayores de la Biblia. En la escritura

Un hombre sin una asignación es un hombre sin dirección.

anterior, podemos ver que el SEÑOR le dio a Ezequiel un propósito específico como centinela para la casa de Israel. Sin embargo, Dios advirtió a Ezequiel de la consecuencia de no cumplirlo. El SEÑOR le dijo a Ezequiel que si no cumple su propósito, la sangre del pueblo de Israel caería sobre él.

De manera similar, si no cumples con tu propósito, entonces la sangre de aquellos que Él te ha dado estará sobre ti. Jesús mismo fue responsable de los discípulos que el Padre le entrego (lea Juan 17:6-8). Yo no estoy tratando de poner miedo en tu vida, pero quiero que entiendas la importancia de cumplir tu propósito y asignación en tu vida.

Una persona no es juzgada por su obras, pero una persona será juzgada por lo que fue llamado a hacer y si lo completa o no. Dios no está impresionado por la cantidad de demonios que una persona expulsa o cuántos milagros, señales y prodigios realiza una persona; tampoco está impresionado por la cantidad de profecías precisas que una persona habló. Una persona será juzgado por lo que Dios lo llamó a hacer. Recuerde, el propósito que Dios puso en Su creación no fue dado para ser enterrado, fue dado al hombre para ser cumplido y eventualmente liberar Su gloria.

VESTIMENTA

La tercera área para descubrir tu identidad es a través de tu vestimenta. La ropa juega un papel importante en nuestra identidad. Por ejemplo, ¿cómo puede una persona reconocer a un oficial de policía, un chef o un médico? Simplemente por la ropa que usan. La vestimenta de una persona habla mucho de su identidad. Un individuo sin identidad tiene la tendencia de vestirse como otra persona. No me refiero a la ropa física sino a ponerse la personalidad de otra persona. Vemos esto en todas partes cuando las personas intentan parecerse o actuar como su celebridad favorita.

¿Qué Define Tu Forma de Vestir?

La forma en que una persona se viste se define por la voz que escucha. Por ejemplo, una persona que escucha música rock tiende a vestirse como un rockero, o una persona que escucha música rap se viste como un rapero. ¿Qué dice tu ropa de ti?

Jacob and Esaú

Veamos la historia de Jacob y Esaú y lo que causo que Jacob se vistiera como su hermano mayor Esaú para robarle su bendición. Leamos Génesis 27:6-8; 15-16:

[6] Rebeca habló a su hijo Jacob, diciendo: He aquí, oí a tu padre que hablaba con tu hermano Esaú, diciéndole:[7] Tráeme caza y prepárame un buen guisado para que coma y te bendiga en presencia del Señor antes de mi muerte.[8] Ahora pues, hijo mío, obedéceme en lo que te mando. [15] Entonces Rebeca tomó las mejores vestiduras de Esaú, su hijo mayor, que tenía ella en la casa, y vistió a Jacob, su hijo menor; [16] le puso las pieles de los cabritos sobre las manos y sobre la parte lampiña del cuello.

Jacob escuchó a su madre y se vistió como su hermano mayor, Esaú. Esto le permitió engañar a su padre Isaac para recibir la bendición. Jacob robó la identidad de su hermano para ser bendecido. A menudo, las personas se roban sus bendiciones al tratar de convertirse en otra persona. No saber quién eres puede ser extremadamente peligroso porque cualquier voz tiene el potencial de influenciarte.

Frecuencia de Radio

En el mundo hay miles de estaciones de radio funcionando al mismo tiempo. Si una persona desea escuchar una estación de radio específica, debe sintonizar la frecuencia correcta. En la vida, sintonizar tus oídos con la frecuencia equivocada puede desviarte del propósito de Dios o destruir tu vida. Veamos algunos ejemplos de personas que sintonizaron la frecuencia incorrecta:

- *¿Por qué Adán y Eva pecaron contra Dios? Tanto Adán como Eva prestaron atención a la frecuencia equivocada.*

- *En las pruebas de Job, muchas voces quisieron confundirlo. Sin embargo, Job nunca permitió que esas voces lo definieran.*

- *El ejército de Israel le temían al gigante Goliat, pero David conocía al Dios de Israel y se negó a dejar que otras voces lo intimidaran.*

- *Elías estaba en la cueva después de huir de Jezabel. Pasó un viento, un terremoto y un fuego y el SEÑOR no estaba allí. Entonces se oyó un susurro apacible y el SEÑOR estaba allí. Elías aprendió a sintonizar la frecuencia correcta para escuchar la voz de Dios.*

Debemos aprender a sintonizarnos con la frecuencia de Dios. Habrá muchas voces que podríamos escuchar en nuestras vidas, pero la única voz que importa es la voz de Dios. La voz que define a un hombre o a una mujer de Dios es la voz de Dios. Presta atención a la voz de Dios en tu vida y deja que esa sea la voz que te define. Si el SEÑOR dijo que vas a ser un hombre de negocios, un médico, un predicador, un maestro u otro, comienza a vestirte y caminar como uno.

VOCABULARIO

Finalmente, tu vocabulario debe estar alineado con tu propósito. Por ejemplo, si Dios te llama a ser el próximo Smith Wigglesworth o un futuro presidente de los Estados Unidos, pero pasas toda tu vida diciendo: "*No puedo, o no estoy calificado*", ¿qué crees que sucederá? Nada va a suceder hasta que comiences a llamar a las cosas que no existen como si existieran (ver Romanos 4:17).

Después de entregar mi vida a Jesucristo en 2012, les dije a mis hermanos y hermanas en Cristo que me casaría en 2017, y algunos de ellos se rieron de mí. Mi mamá pensaba que estaba loco porque siempre le recordaba el año en que me iba a casar.

Mi madre siempre me decía: "*¡Ni siquiera tienes novia y estás pensando en el matrimonio!*"

Luego, cuando comencé a salir con una dama, y ella se convirtió en mi novia, mi madre decía: "*No tienes trabajo*".

Cuando encontré un trabajo, ella decía: "*Solo estás bromeando*".

Después de comprar el anillo de compromiso, le dije a mi madre que me iba a comprometer y me dijo: *"Así que estas en serio entonces"*.

Me casé el 11 de marzo de 2017. Con las palabras de tu propia boca, tienes el poder de manifestar lo que el SEÑOR dijo sobre ti. Si desea ver que las promesas de Dios se cumplan en tu vida, cambie tu vocabulario. En tu vocabulario, no puede haber ninguna excusa; tiene que haber fe. La fe es un elemento clave en el éxito de tu vida. Puede que ahora no veas las promesas de Dios en tu vida, pero debes seguir creyendo y hablando con fe hasta que veas que tu sueño se convierte en realidad.

Jesús Conocía Su Identidad

Jesús sabía quién era. Él no permitió que la sociedad lo definiera. Él preguntó a sus discípulos en Mateo 16:13: *"¿Quién dicen los hombres que es el Hijo del Hombre?"*

Los discípulos no estaban seguros de quién era Jesús, así que comenzaron a nombrar a hombres poderosos de Dios. Dijeron: *"Unos, Juan el Bautista; y otros, Elías; pero otros, Jeremías o uno de los profetas"* (Mateo 16:14).

Luego les pidió que olvidaran quién dice la gente que es Él. En el versículo 15 Él dijo: *"¿quién dicen que soy yo?"*.

Jesucristo no permitió que otras voces definieran quién era Él porque era un hombre con identidad. La gente intentará definirte o compararte con alguien, pero lo que te hace único eres tú mismo. Cada profeta registrado en la Biblia tenía el mismo propósito; para ser el portavoz de Dios, pero todos ellos tenían diferentes asignaciones. Eres una pieza especial y única del cuerpo de Cristo. No dejes que nadie en el mundo defina quién eres, excepto Dios.

DESCUBRIENDO TU IDENTIDAD

El propósito de este capítulo es ayudarte a descubrir tu identidad aprendiendo a abrazar y descubrir tu verdadero ser para manifestar la gloria de Dios.

PREGUNTAS DE REPASO

1. Según en el diccionario, ¿Qué es la identidad?

    _____

    _____

    _____

2. Leer Santiago 1:8 y escribe con tus propias palabras por qué un hombre de doble animó es inestable.

    _____

    _____

    _____

3. ¿Qué dice Pablo en Romanos 11:29 con respecto a nuestros dones?

    _____

    _____

    _____

    _____

4. ¿Qué le dijo Pablo a Timoteo acerca de su don? (Leer 2 Timoteo 1:6.)

_____

_____

5. ¿Puede dar algunos ejemplos en las Escrituras del pueblo de Dios usando su don?

_____

_____

6. ¿Qué causo que Jacob se vistiera de su hermano mayor Esaú? (Leer Génesis 27:6-8; 15-16.)

_____

_____

Nota: No saber quién eres puede ser extremadamente peligroso porque cualquier voz tiene el potencial de influenciarte. Jesucristo no permitió que otras voces definieran quién era Él porque era un hombre con identidad. Jesús sabía quién era, y no permitió que la sociedad lo definiera.

PREGUNTAS PERSONALES

1. ¿Qué dice la gente de ti en comparación con lo que Dios dice de ti?

_____

_____

_____

2. Si pudieras tener cualquier tipo de superpoder, ¿Cuál sería y por qué?

_____

_____

_____

3. ¿Puedes nombrar uno de tus dones y qué puedes hacer para desarrollarlo?

_____

_____

_____

4. ¿Qué voces están hablando sobre tu vida, y esas voces se alinean con lo que Dios dijo acerca de ti?

_____

_____

_____

Actividad de Reflexión: Por favor, tómese un momento para responder las preguntas al final de este libro que lo ayudarán a conocer su verdadero yo **(Ver Apéndice I)**.

Tiempo de Oración: Tomemos un momento y oremos para que Dios nos ayude a descubrir nuestro don y propósito en nuestra vida. (Leer Jeremías 29:11)

Padre Celestial,

Personalmente, te agradezco que tengas planes para prosperarme y planes para darme un futuro y una esperanza. Oro para que me reveles el don que me ha sido entregado y me ayudes a descubrir el propósito que tienes para mi vida para que pueda revelar Tu gloria en la tierra. En el precioso nombre de Jesucristo.

Amén

CAPÍTULO 6

Caminando En Tu Identidad

*Por eso yo, prisionero en el Señor, les exhorto
a que anden como es digno del llamamiento
con que fueron llamados.*

—**Efesios 4:1 RVA-2015**

NECESITAMOS APRENDER A CAMINAR en nuestras
identidades, así como conocer nuestra identidad.
Pablo escribió a la iglesia de Éfeso: "*Por eso yo, prisionero
en el Señor, les exhorto a que anden como es digno del llamamiento con que fueron llamados*" (Efesios 4:1 RVA-2015).
Pablo enfatiza la importancia de caminar en nuestro
propósito. En el capítulo anterior, aprendimos a descubrir nuestra identidad. En este capítulo, discutiré tres
claves esenciales para caminar en tu identidad.

OBEDIENCIA

La obediencia es la primera clave para caminar exitosamente en tu identidad. Si quieres caminar efectivamente en tu identidad, debes obedecer los mandamientos de Dios en tu vida. Esto es lo que el profeta Samuel tuvo que decir acerca de la obediencia en 1 Samuel 15:22:

> ¿Se complace el Señor tanto en holocaustos y sacrificios como en la obediencia a la voz del Señor? He aquí, el obedecer es mejor que un sacrificio.

Samuel lo explicó claramente. La obediencia de una persona hacia Dios es mejor que cualquier tipo de sacrificio.

La obediencia es una clave esencial si deseas ver la gloria de Dios manifestada en tu vida.

La desobediencia es el problema número uno con el que la humanidad ha luchado desde el principio de la creación. El juicio que recibió Israel no fue por falta de ofrendas o sacrificios, sino por su desobediencia. Si el SEÑOR estaba buscando obediencia cuando creó a la humanidad, ¿qué crees que Él todavía está buscando? ¡Nuestra obediencia! La obediencia es una clave esencial si deseas ver la gloria de Dios manifestada en tu vida.

La Importancia de la Obediencia

A lo largo de mi caminar con Cristo, he aprendido el poder de la obediencia. La obediencia es la clave más importante para el éxito en la vida. La oración, el ayuno, la Palabra de Dios y la adoración, se consideran las cuatro herramientas más esenciales para un Creyente. Sin embargo, lo que hace que estas cuatro herramientas sean efectivas en la vida de una persona es la obediencia. No se trata de cuánto oras, ayunas, lees la Palabra o adoras a Dios. Se trata de tu obediencia a Dios. ¿Cuántas veces el Espíritu Santo nos despierta en medio de la noche para orar, o nos insta a leer la Biblia durante el día, o nos lleva a ayunar, y lo ignoramos? La unción del SEÑOR en la vida de una persona se manifiesta a través de la obediencia. Si deseas ver una mayor manifestación de la unción de Dios, comienza a obedecer. Recuerda, si eres fiel en obedecer las cosas pequeñas que Dios desea, entonces el SEÑOR puede confiar en ti con cosas más grandes en Su reino.

El Arca Noé

La historia del arca de Noé es una de las historias más famosas del libro de Génesis (ver Génesis 6-8). La maldad del hombre era tan grande en la tierra que el SEÑOR decidió destruir la tierra con un diluvio. *"Mas Noé halló gracia ante los ojos del Señor"* (Génesis 6:8), y Él decidió perdonar a Noé y a su familia construyendo un arca. Primero, debemos entender que Noé nunca había visto un arca en su vida, y el SEÑOR le ordenó a Noé que construyera algo que nunca antes se había construido. Segundo, Noé está construyendo un arca porque va a llover. La humanidad nunca había visto lluvia hasta que llegó el diluvio. ¿Cómo reaccionarías si estuvieras en la posición de Noé? ¿Dirías: "Dios, estás bromeando conmigo?" O cuando se estaba construyendo el arca, ¿crees que la gente dijo cosas como: "¡Noé debe estar volviéndose loco! Tiene algún tipo de problema mental?" O tal vez la gente se burlaba de él. La buena noticia es que Noé construyó el arca y salvó a su familia debido a su obediencia.

Construye Tu Propia Arca

Dios te está llamando a construir tu propia arca. No un arca física como la de Noé, sino un arca de sueños o visiones que pueden parecerte imposible. La obediencia a Dios no significa obedecerle cuando te parece bien, sino obedecerle sin importar si te parece lógico. Las promesas que Dios habló sobre tu vida pueden parecer imposibles y los que te rodean pueden reírse de ellas o desanimarte. Recuerda, para el hombre es imposible, pero para Dios todo es posible (Mateo 19:26). Veamos algunos ejemplos:

- *Los muros de Jericó cayeron después de que los israelitas marcharon alrededor de la ciudad 13 veces en un lapso de siete días* (Josué 6:1-27).

- *Jesús le pidió a Pedro que fuera a pescar en el lago y sacara una moneda del primer pez que pescara para pagar sus impuestos* (Mateo 17:24-27).

- *Nehemías estaba reconstruyendo los muros de Jerusalén, y el enemigo se reía y se burlaba de los judíos cuando escucharon de lo que iban a hacer* (Nehemías 4:1).

Un acto de tu obediencia hacia el llamado de Dios en tu vida puede traer un impacto o un cambio alrededor del mundo. Él sólo está esperando que obedezcas.

Simón Pedro

Pedro era un pescador de profesión, así que me imagino que él sabía mucho sobre la pesca: el mejor momento, los lugares e incluso las mejores estaciones para pescar. Sin embargo, en su encuentro con el SEÑOR, aprendemos que Pedro tuvo un día horrible pescando, ¡no pudo pescar nada! Me imagino lo cansado y frustrado que debe haberse sentido Pedro después de un día de trabajo tan infructuoso. Y fue en este momento de fracaso, sin haber pescado nada durante toda la noche y el día, que Jesús se le apareció y le dijo a Pedro que echara la red. Cuando Pedro arrojó la red, tuvo una pesca milagrosa. La pesca fue tan grande que la red comenzó a romperse (ver Lucas 5).

La obediencia fue la clave para la pesca milagrosa de Pedro. El instante en que Pedro obedeció el mandato de Jesús fue el instante en que se manifestó un milagro en su vida. Un milagro te espera, pero requiere tu obediencia. A veces los creyentes no viven una vida extraordinaria por falta de obediencia. Tienden a gritar y regocijarse en la Palabra de Dios, pero no hacen nada con la palabra que Dios habló sobre su vida. Descubrir quién eres es el primer paso, pero el próximo paso importante es obedecer y comenzar a caminar en el llamado de Dios en tu vida.

FE

La segunda clave para caminar en tu identidad es tener fe. Si quieres caminar en tu identidad, debes vivir una vida de fe. David Yonggi Cho dijo: *"Dios nunca producirá ninguna de sus grandes obras, a menos que se realice por medio de tu fe personal"*. [1] La fe es la clave que te ayudará a cumplir tu asignación en la tierra. Veamos los siguientes ejemplos de fe:

- *Por la fe Abel ofreció a Dios un mejor sacrificio que Caín, por lo cual alcanzó el testimonio de que era justo, dando Dios testimonio de sus ofrendas; y por la fe, estando muerto, todavía habla.* (Hebreos 11:4)

- *Por la fe Enoc fue trasladado al cielo para que no viera muerte; y no fue hallado porque Dios lo trasladó; porque antes de ser trasladado recibió testimonio de haber agradado a Dios.* (Hebreos 11:5)

- *Por la fe Noé, siendo advertido por Dios acerca de cosas que aún no se veían, con temor preparó un arca para la salvación de su casa, por la cual condenó al mundo, y llegó a ser heredero de la justicia que es según la fe.* (Hebreos 11:7)

- *Por la fe Abraham, al ser llamado, obedeció, saliendo para un lugar que había de recibir como herencia; y salió sin saber adónde iba.* (Hebreos 11:8)

¿Qué es la Fe?

Entonces, ¿qué es la fe? *"la fe es la certeza de lo que se espera, la convicción de lo que no se ve"* (Hebreos 11:1). Yo defino la fe con dos palabras simples: *creer* y *esperanza*. Por ejemplo, yo tenia esperanza y creí en Dios que me casaría en el 2017, y lo hice. Dios tiene un plan asombroso para tu vida, aunque solo somos capaces de ver un destello de nuestro futuro. Por lo tanto, se necesita fe para creer y esperanza en Dios en que eventualmente sucederá. Yo tome un paso de fe al escribir este libro. Hubo un momento en que quise renunciar y rendirme. Sin embargo, seguí creyendo y teniendo esperanza en las palabras que el SEÑOR me había hablado sobre mi vida. Dios pondrá a prueba nuestra fe para ver si realmente confiamos en Él.

¿Por Qué es Importante la Fe?

¿Sabes lo que dice la Biblia sobre la fe? "*Sin fe es imposible agradar a Dios*" (Hebreos 11:6a). El autor del libro de Hebreos aclara que sin fe, nadie puede agradar a Dios. Si deseas agradar a Dios, entonces debes vivir una vida de fe.

¿Cómo llega la fe?

Entonces, ¿cómo llega la fe al creyente? Romanos 10:17 dice: "*Así que la fe viene del oír, y el oír, por la palabra de Cristo*". La Palabra de Dios es el alimento espiritual que todo creyente cristiano necesita. La nutrición espiritual de una persona depende totalmente de la Palabra de Dios. Jesús mismo dijo en los Evangelios que "*No solo de pan vivirá el hombre, sino de toda palabra que sale de la boca de Dios*" (Mateo 4:4b). ¿Por qué crees que Noé tuvo fe para construir un arca o Abraham tuvo fe para ir a un lugar desconocido? Es porque ambos recibieron fe cuando escucharon la voz de Dios en su vida.

¿Cómo Edificas tu fe?

Cuando te sientas débil y que quieres rendirte, comienza a escuchar esas palabras que el SEÑOR ha hablado sobre tu vida, y repítelas una y otra vez hasta que esas palabras produzcan fe.

Otra forma de edificar tu fe se encuentra en el libro de Judas, que dice: "*Pero vosotros, amados, edificándoos en vuestra santísima fe, orando en el Espíritu Santo*" (Judas 1:20). Hablar en lenguas es una herramienta poderosa que puedes usar para edificar tu fe.

¿ Cual es el Enemigo De la Fe?

El enemigo tratará de hacer todo lo posible para destruir tu fe. El enemigo de la fe es el temor. Cuando el temor entra en la vida de un cristiano, significa que la fe del creyente está desactivada. El enemigo sabe que si puede traer temor a tu vida, entonces puede desactivar tu fe. Entonces, ¿cómo derrotar el temor? 1 Juan 4:18 dice: "*En el amor no hay temor, sino que el perfecto amor echa fuera el temor*". Por ejemplo, una noche mi hijo de dos años se despertó llorando en medio de la noche. Pero, cuando me vio acercarme a él y escuchó mi voz, se sintió seguro y protegido. ¿Por qué? Porque el efecto del verdadero amor echa todo temor. Dios es amor, y es Su amor el que nos ayuda a superar nuestros miedos.

Caminar Por La Fe

Si deseas ver las promesas de Dios cumplidas en tu vida, debes caminar por fe, y no por lo que ves en el ámbito natural. El SEÑOR le dijo al pueblo de Israel que marchara trece veces alrededor de los muros de Jericó para destruirlo (ver Josué 6). A los ojos naturales, los mandamientos de Dios parecen absurdos, y muchas de nuestras promesas pueden parecer una locura. Sin embargo, no importa cuán ilógico pueda parecerte el mandato de Dios; todo lo que tienes que hacer es caminar por fe, creyendo y teniendo esperanza en Dios. Habrá muros en tu vida que tratarán de impedir que conquistes tu Tierra Prometida. Recuerda, camina por fe, creyendo en Dios con todo tu corazón, y verás que esos muros comenzaran a caerse.

CONFIANZA

La última clave para caminar en tu identidad es la confianza. Confianza significa seguridad, dependencia, y confianza en otra persona. Dios te está llamando a confiar tu vida entera en Él. La Biblia dice en Proverbios 3:5-6:

> [5] Confía en el Señor con todo tu corazón, y no te apoyes en tu propio entendimiento. [6] Reconócele en todos tus caminos.

Nuestros pasos son dirigidos por el SEÑOR cuando aprendemos a poner nuestra confianza en Él.

Sobrenatural

Confiar en Dios significa creer en lo sobrenatural. El poder de Dios va más allá de la ciencia, del diagnóstico de un médico o cualquier situación. Dios tiene el poder de sanar todo tipo de enfermedades y dolencia (especialmente, en el área donde los médicos no tienen una respuesta), para crear milagros, para librarte de la muerte, la depresión y la adicción, o para librarte de cualquier tipo de actividad demoníaca en tu vida. Dios tiene el poder de cambiar lo que parece imposible en realidad. Recuerde, Sus caminos son más altos que el hombre, y si deseamos ver el poder sobrenatural de Dios operar en nuestras vidas, debemos comenzar a confiar en Él, y no en nuestras propias habilidades o entendimiento.

Rendimiento

Confiar en Dios significa entregar toda tu vida a Él. Por ejemplo, en el libro de Génesis, Dios le dijo a Abraham que fuera a la montaña y sacrificara a su hijo Isaac. Después de 25 años de esperar la promesa de su hijo, Dios instruyó a Abraham a sacrificar a su amado hijo. Como padre, solo puedo imaginar lo difícil que fue esa decisión para Abraham. Abraham tenía que confiar en Dios con todo Su corazón, y eso es lo que Dios está esperando que hagamos: entregar totalmente nuestras vidas a Él. Confiar en Dios significa confiar en Él con todo lo que es precioso para nosotros, tales como: esposa, hijos, ministerio, posesiones materiales. Debemos ser como la mujer que derramó el frasco de alabastro sobre Jesús que le costó casi un año de salario. En otras palabras, Dios exige que nosotros, Sus hijos, entreguemos completamente a Él lo que es más precioso para nosotros. Confiar significa que debemos separarnos completamente del mundo y permanecer con Él. Confiar en el SEÑOR requerirá que le demos nuestras cosas más preciosas e importantes.

Caminando en Tu Identidad

La obediencia, la fe y la confianza son necesarias si deseas llegar a tu destino. He visto a muchos creyentes recibir palabras proféticas de Dios y permanecer estancados toda su vida, esperando que esa palabra se cumpla. Entonces, ¿por qué no se cumple la palabra? Porque no dan un paso de fe, un acto de obediencia a Dios. La palabra profética tampoco se cumple porque no confían en el SEÑOR de todo corazón.

Dios me habló y me dijo que escribiera. Tuve la opción de obedecerlo o ignorarlo. No sabía cómo empezar, pero confié en Dios y di un paso de fe. Si no trabajas en tu asignación terrenal, el SEÑOR levantará a alguien más para que cumpla con tu responsabilidad. Por ejemplo, Saúl fue ungido rey sobre Israel. Sin embargo, Dios levantó a David como su sucesor porque

Saúl no pudo más para cumplir tu asignación. Quiero animarte a que caminar por fe y confiar en Él, Él levantará a alguien cumplir con su asignación. Dios tiene un plan asombroso para tu vida, pero si no estás dispuesto a obedecer, sigas tu sueño, visión y propósito en la vida, y comiences a caminar en ellos antes de que sea demasiado tarde. Recuerda, el mañana no está prometido, pero el hoy sí (ver Proverbios 27:1; Mateo 6:34). No esperes a mañana, la próxima semana, el próximo mes o el próximo año. Comience a tomar acción hoy. Da un paso a la vez hasta que llegues a tu destino.

CAMINANDO EN TU IDENTIDAD

El propósito de este capítulo es aprender tres elementos esenciales para caminar en nuestras identidades.

PREGUNTAS DE REPASO

1. Según 1 Samuel 15:22, ¿En qué se deleita más el SEÑOR?

    _____

2. Leer Hebreos 11:1 y escribe en tus propias palabras qué es la fe y cómo la fe te ayudará a caminar en tu propia identidad.

    _____

    _____

3. Según el libro de Proverbios 3:5-6, ¿Cuál es la clave para que nuestros pasos sean dirigidos por el SEÑOR?

    _____

    _____

PREGUNTAS PERSONALES

1. ¿Tiene problemas o dificultades para obedecer el llamado de Dios en Tu vida? ¿Si es así por qué?

    _____

    _____

2. ¿Qué es lo que más temes en tu vida? ¿El temor te ha impedido caminar en tu llamado? Si es así, ¿cómo?

_____

_____

_____

3. ¿Puedes identificar a tu Isaac en tu vida y estás dispuesto a sacrificarlo al SEÑOR?

_____

_____

_____

Tiempo de Oración: Tomemos un momento y oremos para que Dios nos ayude a entregar a nuestro Isaac en el altar de Dios. (Leer Génesis 22:2)

Padre Celestial,

Hoy quiero entregar a mi Isaac,_____
(Ponle un nombre a tu Isaac). *Padre, cualquier cosa en la vida que esté en primer lugar antes que Tú, hoy te la entrego porque entiendo que sin Ti no puedo hacer nada. Ayúdame a ser la mejor versión de Ti en la tierra, para que pueda glorificar y exaltar Tu nombre. En el precioso nombre de Jesucristo oro.*

Amén

CAPÍTULO 7

Búsqueda de Tesoro

*Es gloria de Dios ocultar una cosa, y es
gloria del rey escudriñarla.*

—Proverbios 25:2

CLARA Y YO HABÍAMOS estado de noviazgo durante
un buen tiempo y, para el verano de 2016, llegó el
momento de hacerle la gran pregunta: ¿si, se casaría
conmigo? Por eso, planeé una búsqueda del tesoro especial para proponerle matrimonio a mi esposa. Hablé con
mi cuñada para que me ayudara a colocar todas las pistas
en la casa y planeamos un día increíble para ella. Recuerdo lo asombrada y emocionada que estaba mi esposa
cuando descubrió su anillo de compromiso, su tesoro
escondido. De manera similar, el Creador del cielo y
la tierra ha depositado tesoros dentro de cada persona,
más valiosos y preciosos que el dinero, las posesiones

materiales o los deseos del mundo. Es como dijo una vez el rey Salomón: *"Es gloria de Dios ocultar una cosa, y es gloria del rey escudriñarla"* (Proverbios 25:2 RVA-2015). Es deber de Dios esconder Su propósito dentro del hombre, pero es nuestra misión buscarlo y descubrirlo.

Cementerio

¿Sabes que el cementerio es el lugar más estéril de la tierra? El cementerio es un campo lleno de tesoros muertos de inventos, libros, canciones,

> *El Creador ha depositado tesoros escondidos dentro del hombre para habilitarlo a vivir una vida extraordinaria en la tierra.*

descubrimientos, curas para enfermedades y sueños que nunca llegaron a existir porque las personas murieron sin descubrir el tesoro escondido de Dios en sus vidas. Es desgarrador saber que cada día miles y miles de personas mueren sin saber quiénes son. El Creador ha depositado tesoros escondidos dentro del hombre para habilitarlo a vivir una vida extraordinaria en la tierra. Sin embargo, es tu responsabilidad descubrirlo y acceder a él. En este capítulo, descubriremos los cuatro tesoros escondidos que Dios deposito dentro de Su creación.

ALIENTO DE VIDA

El primer tesoro que Dios deposito en ti es el aliento de vida. Miremos Génesis 2:7:

> Entonces el Señor Dios formó al hombre del polvo de la tierra, y sopló en su nariz el aliento de vida; y fue el hombre un ser viviente.

Dios creó el firmamento, la luna, el sol, los mares y la vegetación con las palabras de Su boca. Cualquier cosa que Dios habló a la existencia está limitada a Sus palabras y es incapaz de moverse fuera de su identidad. Por ejemplo, el sol solo proporciona luz solar durante el día, la luna luz durante la noche, o un árbol solo puede dar frutos según su especie. El hombre es la única criatura creada por Dios que tiene libre albedrío para elegir su destino. Dios, como Creador del universo, tenía el derecho legal de crear al hombre con una palabra o una frase, pero decidió usar Sus propias manos e hizo a la humanidad a Su imagen y semejanza, luego sopló en su nariz el aliento de vida.

Poder de Crear

La creación de Dios posee dentro de ello el poder y la autoridad para crear con el aliento de Su boca. Salmos 33:6 dice: *"Por la palabra del Señor fueron hechos los cielos, y todo su ejército por el aliento de Su boca"*. El salmista explica que por el aliento de Su boca la tierra fue creada, lo que significa que el aliento que Dios sopló en la nariz del hombre es el aliento exacto que Dios usó para crear la tierra. Eso significa que el Creador depositó dentro de Su creación el poder de crear.

La creación tiene el poder de traer algo del ámbito de lo invisible al ámbito de lo visible. Puedes crear algo visible desde lo invisible. Dios primero vio la creación antes de Él hablarlo a la existencia. Crear está conectado a la visión. El Dr. David Yonggi Cho dice en su libro *Successful Home Cell Groups* que

> *El Creador depositó dentro de Su creación el poder de crear.*

las visiones y los sueños son el lenguaje del Espíritu Santo [1] (ver Joel 2:28). Por lo tanto, la única forma en que puedes traer el reino de Dios a la tierra es mediante visiones y sueños. Un creyente en Cristo nunca crecerá más allá de su visión. Proverbios 29:18 dice: *"Donde no hay visión, el pueblo se desenfrena"*. Una vida sin visión es una vida sin propósito. Para que puedas cumplir tu propósito en la vida, debe haber una visión. Recuerda, la creación tiene el poder de traer algo del ámbito invisible al ámbito visible. Por lo tanto, se requiere un acto de fe para que la creación se active. Veamos algunos ejemplos:

- *Los hermanos Wright crearon el primer avión exitoso después de observar y estudiar cómo vuelan las aves.*

- *Moisés construyó el tabernáculo según el diseño que se le mostró en la montaña* (Éxodo 25:40).

- *Nehemías reconstruyó el muro de Jerusalén cuando escuchó y vio la condición del muro* (Nehemías 1).

La visión de alguien creó y trajo a la existencia todo lo que nos rodea, como las hermosas casas o edificios que ves todos los días, el teléfono celular que usas para comunicarte y los autos que usas para el transporte. Todo esto comenzó con alguien que lo imaginó y lo trajo a la existencia.

En el año 2017, estuve ayunando durante siete días. Durante el ayuno, el SEÑOR me habló y me dijo: *"Tendrás un hijo, y su nombre será Joshua Caleb"*. Mi esposa y yo habíamos estado tratando durante más de un año de tener un hijo, pero ella no pudo quedar embarazada. Entonces, después de terminar el ayuno, me reuní con mi esposa y le dije: *"Mi amor, concebirás un hijo, y su nombre será Joshua Caleb"*. Puse mis manos sobre el vientre de mi esposa, y profeticé y declaré las palabras sobre la vida de mi hijo. Finalmente, después de casi un año nació mi hijo Joshua Caleb. Si el SEÑOR ha hablado una palabra sobre tu vida o te ha dado promesas que no se han cumplido, recuerda que dentro de ti está el aliento para crear y traer algo de lo invisible a lo visible. El SEÑOR creó la tierra con Su aliento de vida; ahora es tu turno de crear tu vida de acuerdo a Su voluntad. Posees en tu boca el poder de crear tu destino. Antes de continuar, tómese unos minutos y comience a crear las promesas de Dios sobre su propia vida.

La Vida de Lucero

Lucero era conocido como el "Hijo de la mañana". Veamos algunas descripciones interesantes de Lucero antes de su rebelión contra el cielo (ver Isaías 14 y Ezequiel 28):

- *Habitó en la presencia y el trono de Dios.*
- *Era considerado el líder de la adoración en el cielo.*
- *Estaba cubierto de belleza y esplendor.*
- *Estaba lleno de sabiduría.*

Lucero tenía todo lo que un Creyente puede desear. Tenía sabiduría y riquezas, adoraba al Creador, portaba la gloria de Dios y moraba en el trono de Dios en Su presencia. Lucero dejó todo esplendor, gloria y posición y se rebeló contra el SEÑOR porque anhelaba ser como Dios. En cambio, Dios nos creó a Su imagen y semejanza, y nos dio el poder de crear nuestro propio destino. El enemigo lo tenía todo excepto el poder de crear, y el Creador ha depositado este poder dentro del hombre. Es por eso que el enemigo nos odia tanto porque tenemos todo lo que él anhelaba y deseaba para sí mismo.

Dominio y Autoridad

El aliento de vida nos da dominio y autoridad sobre la tierra. Cuando Dios creo al hombre, los creo para tener autoridad sobre toda la tierra. Veamos algunos ejemplos en la Biblia:

- *Adán tenía la capacidad de nombrar todas las especies de animales; también tenía la capacidad de recordarlos* (Génesis 2:20).

- *Josué, como líder de los israelitas, ordenó que la luna y el sol se detuvieran hasta que los israelitas derrotaran a los amorreos* (Josué 10:13).

- *El profeta Elías le dijo al rey Acab en 1 Reyes 17:1: "Vive el Señor, Dios de Israel, delante de quien estoy, que ciertamente no habrá rocío ni lluvia en estos años, **sino por la palabra de mi boca.**", y de la misma manera, Elías ordenó al cielo que lloviera* (Lea 1 Reyes 18:41-45).

- *Pedro pudo caminar sobre el agua por mandato de Jesús* (Mateo 14:22-33).

- *Jesús reprendió el viento y las olas, y la tormenta se calmó* (Mateo 8:23-27).

Wow, ¿no te emociona saber que tienes el poder y la autoridad sobre la tierra? El SEÑOR nos dio toda la autoridad sobre la tierra. Sin embargo, la autoridad se obtiene si solo estás bajo autoridad. Un hombre o una mujer que no se somete a su autoridades terrenales como: ministros, padres, jefes o funcionarios del gobierno nunca tendrá autoridad en la tierra. Para llegar a ser un hombre o una mujer de autoridad, debes someterte y obedecer a tus autoridades (ver Romanos 13:1). Recuerde, toda autoridad es dada por Dios, no por el hombre. Y para ser un hombre de autoridad, tienes que someterte a la autoridad.

Poder de la Vida y de la Muerte

La muerte y la vida están en el poder de tu aliento. Proverbios 18:21 dice: *"Muerte y vida están en poder de la lengua"*. La boca del hombre es un arma que puede traer vida o muerte a una situación. Veamos brevemente algunas claves importantes sobre nuestras palabras:

- *Un Creyente tiene el poder de atar o desatar en el cielo y en la tierra* (Mateo 18:18-19).

- *Jesús habló a los enfermos y a los que estaban bajo posesión demoníaca, y fueron sanados* (Mateo 8:16).

- *Toda palabra vana que hable una persona será juzgada en el día del juicio* (Mateo 12:36).

- *Ezequiel pudo profetizar vida a los huesos secos, y cobraron vida* (Ezequiel 37:1-14).

- *Las palabras de la boca de una persona tienen el poder de maldecir o bendecir* (Santiago 3:10).

Todos escuchamos o vimos las noticias sobre el trágico accidente de helicóptero que involucró a Kobe Bryant. A mí

> *La boca del hombre es un arma que puede traer vida o muerte a una situación.*

me impactó la noticia de su muerte. Recuerdo haber visto a los jugadores celebrando el legado de Kobe en la televisión, y lo que me llamó la atención fue lo que su amigo de la NBA Tracy McGrady dijo sobre él. Tracy dijo que Kobe siempre le decía que quería morir joven.[2] Me rompió el corazón ver cómo Bryant profetizó su propia muerte. Y muchas veces subestimamos las palabras que salen de nuestra boca, olvidando que la vida y la muerte están en poder de la lengua.

Uno de mis sobrinos compartió conmigo que el luchaba con pensamientos de suicidio porque su madre habló palabras de muerte sobre su vida. Me sentí quebrantado cuando él compartió su corazón conmigo. ¿Cuántos niños están en las misma o peores situaciones que mi sobrino porque alguien usó el aliento de vida para traer la muerte en lugar de la vida? Si tú que estás leyendo esto has sido afectado por el uso de palabras de muerte, me gustaría que se tome unos minutos y renuncie a cualquier palabra negativa o maldición pronunciada sobre su vida. Entonces, comienza a hablar vida a aquellas cosas que están muertas en tu vida. No te mires a ti mismo como la gente te percibe, mírate a ti mismo como Dios te diseñó. Recuerda, el que está en Cristo Jesús es una nueva creación. El hombre viejo ha pasado, y todas las cosas son hechas nuevas.

PLANO

El segundo tesoro que Dios ha depositado en el hombre es un plano. De acuerdo con al diccionario Merriam-Webster, un "plano" es *simplemente un plan detallado o programa de acción.* [3] Cada persona en la tierra nace con un plan detallado o programa de acción dentro de ellos, y el único que conoce el plano de nuestras vidas es nuestro Creador. Dios es conocido como el arquitecto que es responsable de diseñar el plano de nuestras vidas. Por lo tanto, es tu responsabilidad ejecutar el plan de Dios para tu vida. Leamos lo que el SEÑOR tiene que decir sobre nuestros planes en Jeremías 29: 11 (NVI):

> *Dios es conocido como el arquitecto que es responsable de diseñar el plano de nuestras vidas.*

Porque yo sé muy bien los planes que tengo para ustedes afirma el Señor, planes de bienestar y no de calamidad, a fin de darles un futuro y una esperanza.

El SEÑOR tiene un plan específico en tu vida, y Su deseo es prosperarte en la tierra. Sin embargo, el SEÑOR no prospera a una persona que camina fuera del diseño en el cual él o ella fueron creado para caminar. Cualquier persona que camina fuera del diseño de Dios está automáticamente fuera de la voluntad de Dios, y todo lo que está fuera de la voluntad de Dios eventualmente muere. Por ejemplo, si un pez está fuera del agua, muere porque el pez fue creado para nadar bajo el agua. Si un árbol es arrancado de la tierra, se seca y muere, porque el árbol fue creado para ser plantado antes de dar fruto. Si una persona no camina alineada con el propósito de Dios en su vida, su vida eventualmente lo llevará a la destrucción.

Manifestar Tu Máximo Potencial

La construcción de tu vida debe estar alineada con el plan eterno de Dios para poder manifestar tu máximo potencial. Por ejemplo, digamos que Dios crea a una persona para que se convierta en médico con el fin de salvar vidas a través de la medicina y la cirugía, pero en cambio decide seguir la carrera de un empresario. Esa persona puede incluso tener éxito como empresario, sin embargo, esa persona nunca alcanzará su máximo potencial. No debes vivir tu vida según los deseos de tu corazón porque puede llevarte a la destrucción. Permíteme aclarar algo: ser bueno o apasionado por algo no determina el plan de Dios en tu vida. El plan de una persona es determinado por el Creador. Si deseas ver la gloria de Dios operando en tu vida, comienza a caminar en el diseño original de Dios para tu vida.

Crítica

La crítica es una herramienta que el enemigo usará para hacer que te desvíes del plan de Dios para tu vida. Por lo tanto, caminar en alineación con Dios atraerá críticas. El enemigo usará a las personas en tu vida (como amigos, familiares, cónyuges y otros creyentes) para criticar y juzgar el diseño original de Dios para tu vida.

David fue ungido para ser rey por el profeta Samuel a una edad muy temprana. David conocía los planes que el SEÑOR tenía para él, pero

> *La crítica será una puerta para acercarte a los planes de Dios.*

sus hermanos y parientes cercanos lo veían como un simple pastor. En el momento en que David se enfrentó al gigante Goliat, en lugar de recibir exhortación de sus hermanos, fue criticado por ellos. David ignoró las críticas y se mantuvo firme en su identidad en Dios. La crítica no alejó a David del plan de Dios, sino que lo acercó a Él. No permitas que la crítica defina quién eres, pero deja que Dios sea quien te defina. La mayor distinción entre el rey Saúl y David fue que David siempre conoció el plan de Dios para su vida, mientras que

Saúl trató de huir de su diseño (ver I Samuel 10:20-23). Cuando entiendas el plan de Dios en tu vida, la crítica será una puerta para acercarte a los planes de Dios.

Vida Extraordinaria

El plano que Dios deposito en la vida de una persona es para vivir una vida extraordinaria. El diccionario define "extraordinario" *como algo que va más allá de lo usual, regular o consuetudinario.*[4] Algunos de los antónimos de la palabra extraordinario son común, normal, usual y ordinario. El Creador no creó a la humanidad para vivir una vida normal, usual o común. Por el contrario, Él ha puesto un plan detallado y específico dentro del hombre para vivir una vida extraordinaria en la tierra.

En la Biblia hay una historia muy conocida de Gedeón. Gedeón era de la tribu de Manasés, y el era conocido como la familia más débil. Además, era considerado el más pequeño de la casa de su padre. Gedeón estaba viviendo una vida ordinaria hasta que el ángel del SEÑOR se le apareció y le reveló el propósito de Dios para su vida. Leamos lo que el ángel del Señor le dijo a Gedeón en Jueces 6:12, 14:

[12] Y el ángel del Señor se le apareció, y le dijo: El Señor está contigo, valiente guerrero. [14] Y el Señor lo miró, y dijo: Ve con esta tu fuerza, y libra a Israel de la mano de los madianitas. ¿No te he enviado yo?

Muchas personas viven sus vidas como Gedeón, satisfecho con su estilo de vida. Permiten que la sociedad, la cultura o las costumbres definan su futuro y se vuelven cautivos de un sistema. Sin embargo, es cuando Dios revela el propósito de una persona que comienza a caminar una vida extraordinaria.

Cuando vine a Cristo, tuve mucha dificultad para encontrar el propósito de Dios para mi vida. Finalmente comencé a entender cuando un día, el SEÑOR habló a mi espíritu y dijo: *"Te usaré como escritor en la tierra para escribir libros"*. Ese día, toda mi vida cambió porque pude llegar a un entendimiento del plan de Dios para mi vida. Tu nunca podrás imaginar la grandeza de los planes que Dios tiene para tu vida (ver Isaías 55:8-9).

Asociación

Una de las claves más importantes para descubrir el diseño de Dios en tu vida es asociarte con alguien que tenga un propósito similar al tuyo. Veamos qué impidió que Abraham realizara el plan de Dios para su vida en Génesis 12:1-2,4:

> [1] Y el Señor dijo a Abram: Vete de tu tierra, de entre tus parientes y de la casa de tu padre, a la tierra que yo te mostraré. [2] Haré de ti una nación grande, y te bendeciré, y engrandeceré tu nombre, y serás bendición. [4] Entonces Abram se fue tal como el Señor le

había dicho; y Lot fue con él. Y Abram tenía setenta y
cinco años cuando partió de Harán.

Dios le ordenó a Abram que dejara a su familia y se
fuera a un país desconocido. Cuando leemos la historia,
vemos que Abram obedeció parcialmente a Dios porque
permitió que uno de sus parientes, Lot, fuera con él.
La palabra hebrea para Lot es *"lowt"*, que significa *una
cobertura o un velo.* [5] A Abram se le mostró la Tierra
Prometida en el momento en que se deshizo del velo (el
velo representado a Lot; ver Génesis 13:14-15).

Lot era considerado un hombre justo, tan justo que
estaba dispuesto a dar a sus hijas vírgenes a los habitantes de Sodoma y Gomorra para proteger a los visi-
tantes, que en realidad eran ángeles que venían a librarlo
a él y a su familia del juicio de Dios (ver Génesis 19).
Aunque Lot era justo, él era un velo para Abram que le
impedía alcanzar su destino.

Caminar con personas con un diseño diferente al
tuyo podría convertirse en un obstáculo para ti más
adelante en tu vida. A veces, habrá personas justas a
tu alrededor que se convertirán en un velo, retrasando
el plan de Dios en tu vida. Dios no te va a mostrar tu
destino hasta que los velos sean removidos.

Yo atravesé una etapa en mi caminar con Cristo
cuando parecía que no estaba creciendo. Dios me enseñó

que estaba estancado porque estaba pasando mi tiempo con las personas equivocadas. Las personas con las que pasaba mi tiempo eran personas justas, sin embargo, no eran parte de mi diseño. Una de las razones por las que una persona no crece es por las personas con las que pasa tiempo. La Biblia afirma que *"las malas compañías corrompen las buenas costumbres"* (1 Corintios 15:33b). Los buenos hábitos se forman pasando tiempo con personas con buenos hábitos, y los malos hábitos se forman de manera similar, como dice la escritura en Proverbios 27:17 RVA-2015, *"El hierro con hierro se afila y el hombre afina el semblante de su amigo"*. Tu vida es afilada por las personas con las que te rodeas. Ahora entiendo por qué mi padre siempre me decía que eligiera sabiamente a mis amigos. Tómese un momento para orar e identificar los "Lot" en tu vida y eliminarlos de tu diseño..

Tiempo de Dios

Una de las cosas más difíciles de hacer es esperar el tiempo de Dios. Cuando una persona trata de lograr algo antes del tiempo de Dios, estará retrasando o impidiendo los planes de Dios para tu vida. Veamos algunos ejemplos:

- *A la edad de doce años, Jesús estaba en la sinagoga discutiendo las Escrituras en el templo. Sin embargo, Él primero tuvo que someterse a sus padres y esperar el tiempo de Dios para cumplir los planes de Dios para Su vida. Jesús se preparó durante treinta años para ministrar por solo tres años y medio, y tener el ministerio más exitoso de la historia.*

- *El rey David fue ungido a una edad temprana, pero tuvo que esperar más de 30 años para comenzar su ministerio. Y fue en el desierto donde el carácter de David fue moldeado.*

- *Moisés entrenó 40 años en Egipto, luego 40 años en el desierto. A la edad de 80 años, Dios llamó a Moisés en medio de una zarza ardiente.*

Necesitamos aprender a disfrutar nuestro caminar con Dios en nuestras vidas, que para algunos será corto y para otros largo, pero veremos el mayor fruto cuando podamos esperar pacientemente el llamado de Dios en nuestras vidas.

ETERNIDAD

El tercer tesoro que Dios deposito en el hombre es la eternidad. Leamos lo que Eclesiastés 3:11a (RVA-2015) dice acerca de la eternidad: *"Todo lo hizo hermoso en su tiempo; también ha puesto eternidad en el corazón de ellos"*. Dios ha puesto eternidad en el corazón del hombre porque la eternidad es el ámbito donde Dios habita y opera. Isaías 57:15a (RVA-2015) dice: *"Porque así ha dicho el Alto y Sublime, el que habita la eternidad"*. El plan original de Dios era que la humanidad habitara con Él en la eternidad porque Él anhela tener comunión eterna y compañerismo con Su creación.

Expulsado de la Eternidad

Como mencioné anteriormente, el pecado separó a la humanidad de Dios, lo que resultó en que la humanidad fuera expulsada de la eternidad. Leamos Génesis 3:9 para ver qué sucedió después de que Adán y Eva comieron del árbol prohibido: *"Y el SEÑOR Dios llamó al hombre, y le dijo: ¿Dónde estás?"*. Dios es omnipresente, lo que me hace preguntarme por qué le preguntó a Adán dónde estaba en el Jardín del Edén. Primeramente, debemos entender que cuando Dios creó a Adán y Eva, ambos moraban en el ámbito de la eternidad, y fueron expulsados a causa del pecado. Cuando Dios le preguntó a Adán: *"¿Dónde estás?"* En mis propias palabras, la respuesta de Dios a él habría sido algo así como lo siguiente: *"Adán, ¿por qué no estás habitando Conmigo en el ámbito eterno en la cual te creé para habitar, dónde estás?"*

Después de que Adán pecó, él no estaba en el ámbito de la eternidad donde Él lo creó para habitar. Recuerde, Dios habita la eternidad, y Adán y Eva habitaban en el ámbito de la eternidad con Él. Sin embargo, el pecado trajo una separación instantánea entre el hombre y su Creador, sacando a Adán del ámbito de la eternidad.

Miremos en el libro de Isaías 59:2, cuando una persona peca contra Dios:

> Pero vuestras iniquidades han hecho separación entre vosotros y vuestro Dios, y vuestros pecados le han hecho esconder su rostro de vosotros para no escucharos.

Esto muestra claramente que Dios no habita donde hay pecado o iniquidad, y Él dejó muy claro que no nos escuchará si hay pecado o iniquidad en nuestras vidas. Por ejemplo, ¿por qué Lucifer fue expulsado del Cielo, o por qué Adán y Eva fueron expulsados del Edén? Porque en ellos se encontró la iniquidad y el pecado. Si realmente deseas que tus oraciones sean contestadas, asegúrate de que no haya ningún pecado o iniquidad ocultos, y si hay algún pecado en tu vida, ve y humíllate ante Él y confiesa tu pecado, porque Él es fiel para perdonar tus pecados y restaurarte.

La Eternidad es Conocer a Dios

La palabra "eternidad" en el diccionario significa *un estado donde el tiempo no tiene aplicación, la atemporalidad;* [6] *duración sin principio ni fin.* [7] En el ámbito de la eternidad, el tiempo no existe. Cuando se trata de la eternidad hay un concepto erróneo. Muchas personas piensan en la eternidad como algo futurista, pero la

eternidad es accesible ahora. Entonces, ¿cómo definió
Jesús la vida eterna? Leamos Juan 17:3, *"Y esta es la
vida eterna: que te conozcan a ti, el único Dios verdadero,
y a Jesucristo, a quien has enviado"*. La palabra griega
para "conocer" que se usa en las escrituras anteriores
es la misma palabra que se usa en el capítulo anterior,
"ginosko", que significa *relación sexual entre un hombre y
una mujer.* [8] Cuando usted, como Creyente, tiene una
relación íntima con Dios, te conviertes en uno con Él.
En este punto, tienes acceso y entrada al ámbito de la
eternidad. Veamos algunos ejemplos en la Biblia:

- *Abraham pudo interceder en el futuro juicio sobre
  Sodoma y Gomorra. El SEÑOR le habló a Abraham
  como a un amigo y le reveló Su plan de destrucción sobre
  Sodoma y Gomorra* (ver Génesis 19).

- *Noé pudo entrar en el ámbito de la eternidad cuando
  Dios le reveló la destrucción que vendría sobre la tierra
  y le dijo que construyera un arca* (ver Génesis 6).

- *Moisés escribió los cinco primeros libros de la Biblia;
  ¿cómo entonces pudo escribir el día de su muerte?
  Porque Moisés pudo entrar en el ámbito de la eternidad*
  (ver Deuteronomio 34:5).

- *Jesús pudo saber que Judas Iscariote lo traicionará, y
  quiénes iban a ser sus doce discípulos. La unidad de Jesús*

con Dios le permitió tener pleno acceso al ámbito de la
eternidad (ver Juan 13; 18-30; Marcos 3:13-19).

Yo pude saber el género y el nombre de mi hijo
primogénito, meses antes de que naciera. ¿Por qué?
Porque Dios le dio a la humanidad acceso al ámbito de
la eternidad. Jesús rompió el velo en el Calvario y una
vez más le dio a la humanidad acceso a la eternidad con
el Padre. Se necesitará intimidad con el Espíritu Santo
de Dios para entrar en el ámbito de la eternidad. Hay
revelaciones y misterios que el SEÑOR quiere mostrarte,
pero requerirá que lo busques íntimamente. Dios está
esperando ser encontrado por ti si lo buscas con todo tu
corazón (ver Jeremías 29:13).

GLORIA

El último tesoro del que hablaremos es la gloria que Dios
ha puesto en cada persona. Para entender este último
tesoro que Dios deposito en la humanidad, leamos
Génesis 2:21-22 para entender cómo empezó todo:

[21] Entonces el Señor Dios hizo caer un sueño profundo
sobre el hombre, y este se durmió; y Dios tomó una de
sus costillas, y cerró la carne en ese lugar. [22] Y de la
costilla que el Señor Dios había tomado del hombre,
formó una mujer y la trajo al hombre.

Después de que Adán terminó con su asignación de nombrar a cada criatura viviente, el SEÑOR dijo en Génesis 2:18b, 20b:

> [18] No es bueno que el hombre esté solo; le haré una ayuda idónea. [20] mas para Adán no se encontró una ayuda que fuera idónea para él.

El SEÑOR señala la necesidad de un ayudante en la vida de Adán. Entonces, el SEÑOR creó a la mujer de la costilla de un hombre. Cuando Dios creó a la mujer, Él no la creó para desempeñar un papel inferior al de un hombre. Sin embargo, Dios hizo a la mujer con el papel más importante, y es el de ser la ayuda idónea de un hombre. A muchas mujeres no les gusta el hecho de que están llamadas a ser la ayuda idónea del hombre porque las hace sentirse o parecer inferiores al hombre, pero una mujer debe entender que se le compara con la persona más importante de la tierra: el Espíritu Santo de Dios. Jesús dijo que tenía que ascender al cielo para enviarnos al Consolador, refiriéndose al Espíritu Santo. La iglesia necesita del Espíritu Santo para operar, y el hombre necesita de la mujer para desatar su gloria. El Espíritu Santo es la persona más importante en la tierra que ayuda a todos los cristianos en su caminar. Veamos los siguientes ejemplos:

- *Sin el Espíritu Santo, María no habría concebido al Mesías.*

- *Sin el Espíritu Santo, Jesús no podría realizar la obra del Padre ni resucitar de la muerte.*

- *Sin el Espíritu Santo, la iglesia en el libro de Hechos no se habría establecido.*

- *Sin el Espíritu Santo, un Creyente cristiano no podrá cumplir el propósito de Dios en la tierra.*

Gloria del Hombre

Cuando Dios creó a Adán, el principio de una mujer estaba dentro de él. Sin embargo, Adán no pudo reconocer lo que tenía hasta que el SEÑOR lo sacó de él. Entonces, ¿qué representa una mujer según el Apóstol Pablo en 1 Corintios 11:7?:

Pues el hombre no debe cubrirse la cabeza, ya que él es la imagen y gloria de Dios; pero la mujer es la gloria del hombre.

Este versículo ilustra que la mujer es la gloria del hombre. Adán tenía una gloria (mujer) dentro de él que solo Dios conocía. En otras palabras, lo que Dios puso en Adán (o la humanidad) fue gloria. Así mismo, Dios ha puesto una gloria en tu vida antes de la fundación de la tierra para ayudarte a cumplir los propósitos que Él tiene para tu vida.

Condición de Sueño

Para que puedas mani-festar la gloria de Dios en tu vida, debes morir a ti mismo. Antes de que Dios sacara a Eva del interior de Adán, Él puso a Adán en un

> *Dios ha puesto una gloria en tu vida antes de la fundación de la tierra para ayudarte a cumplir los propósitos que Él tiene para tu vida.*

estado de sueño profundo. En la Biblia, el término "*dormir*" también puede usarse en referencia a una persona muerta (ver Hechos 13:36; Lucas 8:52-53; Juan 11:12-13). Una persona muerta no tiene ningún tipo de sentimientos, ni tiene conciencia; de hecho, alguien podría hablar precipitadamente a uno que está muerto o incluso golpear el cuerpo y ese cuerpo no sentirá ni sabrá nada. Cuando una persona muere para sí mismo, desata la gloria que el SEÑOR ha puesto dentro de ello. Para que Dios desate Su gloria sobre nuestra generación, debemos morir completamente a nosotros mismos, y esto significa morir a nosotros mismos diariamente.

Paul y Silas

Pablo y Silas fueron arrestados y arrojados a prisión por expulsar un espíritu de adivinación. Ambos fueron golpeados con varas, recibiendo muchos azotes, pero eso no les impidió adorar a Dios. Durante la adoración, un terremoto sacudió los cimientos de la prisión y abrió todas las puertas y las cadenas de todos los prisioneros se soltaron (ver Hechos 16:16-40). El enemigo pensó que tenía cautivos a Pablo y Silas, pero lo que el enemigo no se dio cuenta fue que Dios puso a Pablo y Silas en prisión para que el guardián de la prisión conociera acerca de Jesús. Tal vez estás en una situación como Pablo y Silas, un lugar de cautiverio, o un lugar que parece sin esperanza, pero tu eres la clave para que los que te rodean conozcan a Jesús. Recuerda, lo que el SEÑOR ha puesto en tu vida es una gloria que hará temblar el reino de las tinieblas. La gloria que Dios ha puesto en tu vida no es solo para ti, sino para aquellos a tu alrededor que necesitan ser liberados y escuchar de Jesús.

Esteban el Mártir

Esteban, un hombre lleno del Espíritu Santo, predicó el evangelio sin temor a morir por Cristo. Esteban fue apedreado hasta la muerte, pero fue en ese momento cuando pudo ver el cielo abierto y ver la gloria de Dios (ver Hechos 7:54-56). Si quieres ver la gloria de Dios en tu vida, nuestra carne debe ser crucificada y debemos morir diariamente.

Esteban hizo uno de los comentarios más poderosos de la Biblia antes de morir. Él dijo: "*SEÑOR, no les tomes en cuenta este pecado*" (Hechos 7:60b). Después de ser apedreado hasta la muerte, le pidió al SEÑOR que no los acusara de su pecado. ¿Estás dispuesto a hacer lo mismo por aquellos que te critican, te maldicen y planean el mal contra ti? ¿Estás dispuesto a sacrificar tu vida por ellos? No sé si te das cuenta de que Saulo fue testigo y parte de la razón por la que Esteban fue asesinado. Dios escuchó la oración de Esteban y transformó a Saulo en el apóstol Pablo que conocemos hoy. Morir a ti mismo significa que ya no usamos "yo" en nuestro vocabulario. Nuestro único enfoque es la voluntad de Dios y no la nuestra.

Cirugía

Adán tuvo que "morir" primero y someterse a un procedimiento quirúrgico por Dios para liberar la gloria que había dentro de él. Muchas personas quieren manifestar la gloria de Dios en sus vidas, pero pocas quieren pasar por el proceso de refinamiento. El proceso te dejará con una cicatriz que glorificará a Dios. Veamos algunos ejemplos:

- *La cadera herida de Jacob después de la lucha con Dios* (Génesis 32:22-32)

- *El aguijón de Pablo en la carne* (2 Corintios 12:6-7)

- *Las manos y los pies perforados de Jesús* (Lucas 23:33-34)

No te voy a vender un sueño y decirte que va a ser fácil. A nadie le gusta el proceso de refinación. Sin embargo, es la única manera en que vamos a ver la gloria del SEÑOR manifestarse en nuestras vidas. Es un proceso difícil, pero muy gratificante.

La Presencia de Dios

Moisés le preguntó al SEÑOR: *"Te ruego que me muestres tu gloria"*, y la respuesta del SEÑOR fue: *"No puedes ver mi rostro; porque nadie puede verme, y vivir"* (Éxodo 33:18, 20). Si queremos ver la gloria del SEÑOR en nuestras vidas, debemos estar listos para morir diariamente y permitir que el Creador nos lleve a Su proceso de refinamiento. Sin embargo, la única forma en que un Creyente puede morir diariamente a la carne es si pasa tiempo en la presencia de Dios. Yo escribí acerca de los cuatro tesoros que el Creador ha puesto dentro del hombre, pero sin Su presencia nunca tendríamos acceso completo a esos depósitos. Me gustaría concluir con esta declaración: desea la presencia de Dios más que dones espirituales o manifestación y más que tu familia, trabajo y ministerio. Deja que la presencia de Dios tome preeminencia en tu caminar diario, y podrás experimentar la mano del SEÑOR sobre tu vida. La Escritura dice lo siguiente:

> **Pero buscad primero su reino y su justicia, y todas estas cosas os serán añadidas. —Mateo 6:33**

Buscar al SEÑOR es como jugar a la búsqueda del tesoro. Cada pista que encuentras te acerca más a Él. Cuanto más te acercas a Él, más hambre tendrás de Su presencia. Recuerde, los tesoros que Dios deposito en Su creación no fueron dados para ser enterrados, sino más bien para revelar Su gloria.

BÚSQUEDA DE TESORO

En este capítulo, descubrimos los cuatro tesoros escondidos que el Creador deposito en la humanidad antes de la fundación de la tierra.

PREGUNTAS DE REPASO

1. Según Génesis 2:7, ¿Qué sopló Dios en las nariz del hombre?

   _____

   _____

   _____

2. Leer el Salmo 33:6 y escribe con tus propias palabras cómo te sientes al saber que Dios puso el poder y la autoridad dentro de ti para crear con el aliento de Su boca.

   _____

   _____

   _____

3. Según Proverbios 18:21, ¿Por qué son tan importantes las palabras que hablamos y cómo pueden afectar a alguien?

   _____

   _____

   _____

4. Según Jeremías 29:11 ¿Qué tiene Dios para ti?

_____

_____

_____

5. Según Eclesiastés 3:11, ¿Qué ha puesto Dios en el corazón del hombre?

_____

_____

PREGUNTAS PERSONALES

1. ¿Qué tipo de palabras negativas han dicho las personas a tu alrededor sobre ti? Escríbelas, luego me gustaría que te tomes unos minutos y renuncies a cualquier palabra negativa o maldición pronunciada sobre tu vida.

_____

_____

_____

Nota: No dejes que las palabras que te rodean te destruyan, sin embargo, deja que la Palabra de Dios te construya y edifique.

2. ¿Conoces el propósito de Dios en tu vida? Si no, ¿Qué tan difícil ha sido caminar sin propósito?

_____

_____

Nota: No te desanimes si no has descubierto el propósito en tu vida. Sé lo difícil que es caminar sin propósito. A medida que construyas una relación con Dios, comenzarás a descubrir el propósito de tu vida.

3. ¿Por qué conocer el plan en tu vida es extremadamente importante y cómo te puede ayudar?

_____

_____

4. ¿Cuál es el propósito de la gloria que Dios puso en tu vida?

_____

_____

Tiempo de Oración: Tomemos un momento y oremos para que Dios nos ayude a descubrir el tesoro escondido en nuestra vida.

Padre Celestial,

La Escritura dice que "Es gloria de Dios ocultar una cosa, y es gloria del rey escudriñarla" (Proverbios 25:2). Padre, es Tu deber esconder el tesoro dentro del hombre, pero es nuestra responsabilidad buscarlo y descubrirlo. Oro para que me ayudes a descubrir y desatar todo lo que has puesto dentro de mí. Ayúdame a descubrir el tesoro escondido en mi vida que revelará Tu gloria. En el precioso nombre de Jesucristo.

Amén

CAPÍTULO 8

¿Qué Tienes en la Mano?

¿Qué tienes en la mano? —preguntó el Señor. Una vara —respondió Moisés.

—Éxodo 4:2 NVI

En el verano de 2015, estaba en el santuario de la iglesia, llorando desesperadamente ante el SEÑOR, preguntándole cuál es el propósito de mi vida, ¿para qué fui creado? Estaba cansado de ser un cristiano ordinario. Sabía dentro de mí que estaba llamado a algo más grande. Mientras estaba orando, el Espíritu de Dios me habló y me preguntó: *"¿Qué tienes en tus manos?"*

Le respondí: *"Un bolígrafo".*

Él me dijo: *"Te usaré como escritor en la tierra para escribir libros".*

Al escuchar esas palabras, comencé a llorar como un bebé recién nacido. La respuesta que estuve buscando toda mi vida siempre estuvo a mi alcance. Lo que buscas no está en lo más profundo del océano, ni en la montaña más alta, ni se encuentra al otro lado del mundo. Lo que buscas no está muy lejos, está tan cerca que está a tu alcance. Cuando descubras lo que el SEÑOR puso en tus manos, te capacitará para cumplir el propósito de Dios en tu vida.

PROVISIÓN

El primer beneficio de saber lo que Dios ha puesto en tu mano es la provisión. La provisión que necesitas para cumplir la asignación de Dios en la tierra está en tu posesión; todo lo que necesitas hacer es encontrarlo. Un ejemplo perfecto de la provisión de Dios es la historia de una viuda que se encuentra en el libro de 2 Reyes:

> [1] Y una mujer de las mujeres de los hijos de los profetas clamó a Eliseo, diciendo: Tu siervo, mi marido, ha muerto, y tú sabes que tu siervo temía al Señor; y ha venido el acreedor a tomar a mis dos hijos para esclavos suyos. [2] Y Eliseo le dijo: ¿Qué puedo hacer por ti? Dime qué tienes en casa. Y ella respondió: Tu sierva no tiene en casa más que una vasija de aceite.
>
> – 2 Reyes 4:1-2

Después de la muerte de su esposo, esta viuda pasó por una crisis económica en la que no tenía suficiente dinero para pagar al acreedor. En consecuencia, los acreedores iban a quitarle a sus dos hijos. La viuda buscó desesperadamente la ayuda del profeta Eliseo, un hombre de Dios. Y es interesante que Eliseo no oró por sus finanzas ni le pidió a Dios que derramara dinero del cielo. En cambio, Eliseo le preguntó a la viuda: *"Dime qué tienes en casa"*. Entonces, ¿cómo ayudó el hombre de Dios a la pobre viuda? Dirigiéndola a los recursos que ella ya tenía en su casa.

Los recursos que la viuda necesitaba para solucionar su crisis siempre estuvieron dentro de la casa. El problema con

> *Lo que el SEÑOR ha puesto en tu mano será la herramienta para tu provisión.*

la viuda es que ella no pudo reconocerlo. Muchas veces queremos que Dios deposite milagrosamente $40,000 en nuestra cuenta bancaria para resolver todos nuestros problemas financieros. Sin embargo, todo lo que Él desea es que comiences a utilizar lo que Él ha puesto en tu mano para bendecirte. Es probable que los recursos que necesitas para ser libre financieramente han estado escondidos por años debajo de tu cama o en tu armario, o está en tu casa lleno de polvo, habiendo estado siempre en tu poder y no te has dado cuenta.

¿Sabías que las empresas multimillonarias como: Amazon, Disney, Google y Microsoft empezaron sus negocios en el garaje de una casa o en un dormitorio? Tal vez todo lo que necesitas es una receta de comida casera para abrir tu restaurante, o una computadora para iniciar un negocio, o una pieza de ropa para convertirte en diseñador. Lo que necesitas para solucionar tu crisis ya está a tu alcance. Recuerda, lo que el SEÑOR ha puesto en tu mano será la herramienta para tu provisión.

EMPODERAMIENTO

El segundo beneficio de saber lo que Dios ha puesto en tus manos es el empoderamiento. Dios usará lo que Él ha puesto en tus manos para empoderarte ha realizar Su obra. Éxodo 4:2-4 nos dice cómo el SEÑOR empodero a Moisés para realizar Su obra:

2 Y el Señor le dijo: ¿Qué es eso que tienes en la mano? Y él respondió: Una vara. 3 Entonces Él dijo: Echala en tierra. Y él la echó en tierra y se convirtió en una serpiente; y Moisés huyó de ella. 4 Pero el Señor dijo a Moisés: Extiende tu mano y agárrala por la cola. Y él extendió la mano, la agarró, y se volvió vara en su mano.

Tal como se registra en las Escrituras, Moisés es el único sobreviviente de la masacre que el Faraón decretó sobre todos los niños recién nacidos. Él sabía dentro de sí mismo que no había nacido por casualidad, sino que el SEÑOR tenía un plan especial para su vida. Un día, Moisés vio a un egipcio golpeando a un hebreo, y trató de resolver la situación matándolo y escondiéndolo en la arena. Aquí vemos cómo Moisés intentó liberar a los israelitas con sus propias fuerzas. Por lo tanto, Moisés tuvo miedo y huyó a la tierra de Madián. Allí se convirtió en pastor de ovejas durante 40 años. Note que durante 40 años tuvo una vara sobrenatural en su posesión que nunca supo que tenía hasta que le fue revelada. Sin embargo, antes de que el SEÑOR revelara la vara sobrenatural a Moisés, primero tuvo que pasar por una temporada de 40 años para moldear su carácter.

> *Dios usará lo que Él ha puesto en tus manos para empoderarte ha realizar Su obra.*

La Vara Sobrenatural

Después del encuentro de Moisés con el SEÑOR en la zarza ardiente, el SEÑOR le preguntó qué tenía en su mano, y su respuesta fue: *"Una vara"*. Dios le dio a Moisés una vara para realizar Sus obras. Veamos algunas de las obras que Moisés pudo realizar:

- *Plagas frente a Faraón.* (Éxodo 4:17, 21)

- *Dividir el Mar Rojo.* (Éxodo 14:21)

- *Convertir el río en sangre.* (Éxodo 7:17, 18, 20)

- *Hacer salir agua de una roca.* (Éxodo 17:5-6)

La vara era un simple palo de madera. No tenía nada de mágico o especial, pero una vez que Moisés se la entregó a Dios, se convirtió en una vara sobrenatural. ¿Cómo puede algo que era insignificante y muerto convertirse en algo tan poderoso? Cuando le entregues lo que Dios ha puesto en tus manos a Él, se convertirá en el arma o herramienta más poderosa. Dios empodero a Moisés con una vara para realizar Sus obras. Dios te ha empoderado con tu propia vara única para realizar Su obra.

Cada persona tiene un llamado en su vida, pero pocos poseen el carácter para cumplirlo. Dios permite ciertas temporadas en nuestras vidas para moldear nuestro

> *Cuando le entregues lo que Dios ha puesto en tus manos a Él, se convertirá en el arma o herramienta más poderosa.*

carácter, y para que podamos cumplir con nuestro llamado. Yo tenía bolígrafos y lápices sobrenaturales en mis manos desde el momento en que estaba en kinder hasta la universidad que nunca supe que tenía hasta que el SEÑOR me lo reveló, y esto me empoderará para revelar la gloria de Dios. Habrán cosas en tu vida que has estado usando durante años que parecen insignificantes, y Dios las usará para empoderarte, y manifestar Su gloria.

DESTINO

El tercer beneficio de saber lo que Dios ha puesto en tus manos es cómo te posicionará para alcanzar tu destino. Veamos la historia de David. David fue ungido rey por el profeta Samuel a una edad temprana, pero lo que posicionó a David para alcanzar su destino como rey de Israel fue lo que Dios le puso en sus manos.

Arpa

Lo primero que Dios puso en sus manos fue una simple arpa. Leamos en 1 Samuel 16:21-23 cómo el arpa posicionó a David para su propósito:

21 David fue a Saúl y le servía; y Saúl lo amó grandemente y lo hizo su escudero. 22 Y Saúl envió a decir a Isaí: Te ruego que David se quede delante de mí, pues ha hallado gracia ante mis ojos. 23 Sucedía que cuando el espíritu malo de parte de Dios venía a Saúl, David tomaba el arpa, la tocaba con su mano, y Saúl se calmaba y se ponía bien, y el espíritu malo se apartaba de él.

El arpa posicionó a David para ser el escudero del rey Saúl. Cada vez que David tocaba el arpa, el espíritu malo se apartaba de Saúl. El arpa no era un instrumento especial, pero el que tocaba el arpa era ungido por Dios. Cada vez que David tocaba, la unción fluía de sus manos hacia el arpa. El SEÑOR ha ungido tus manos para liberar Su gloria, pero todo lo que Él está esperando es que coloques tus manos en el instrumento correcto y comiences a tocar.

Honda y Piedra

La segunda cosa que Dios puso en las manos de David fue una honda y piedras. Veamos lo que dice la Escritura en 1 Samuel 17:49-50:

> [49] David metió la mano en su saco, sacó de él una piedra, la lanzó con la honda, e hirió al filisteo en la frente. La piedra se hundió en su frente y Goliat cayó a tierra sobre su rostro. [50] Así venció David al filisteo con una honda y una piedra, e hirió al filisteo y lo mató; mas no había espada en la mano de David.

David era demasiado joven para ser calificado como soldado; tampoco tenía el entrenamiento necesario. Sin embargo, David tenía una honda probada en sus manos que usó para matar un oso y un león. Cuando David enfrentó al gigante Goliat, no le tuvo miedo al gigante porque sabía lo que Dios había puesto en sus manos. David no solo mató a Goliat sino que fue posicionado como capitán

> *Lo que Dios pone en tus manos te posicionará para alcanzar tu destino.*

sobre mil soldados. Lo que Dios colocó en David lo posicionó en el curso de su destino, y convertirse en rey de Israel. Recuerda, lo que Dios pone en tus manos te posicionará para alcanzar tu destino.

VICTORIA

El último beneficio es la victoria que traerá a tu vida lo que Dios ha puesto en tus manos. ¿Por qué Moisés salió victorioso contra Faraón? Porque el SEÑOR puso una vara en las manos de Moisés. En Jueces 15:16, Sansón dijo:

Con la quijada de un asno, montones sobre montones, con la quijada de un asno he matado a mil hombres.

Sansón fue capaz de matar a mil hombres con la quijada de un burro en sus manos. David también pudo matar al gigante Goliat con una simple honda y una piedra porque sabía lo que Dios había puesto en sus manos. Lo que el SEÑOR ha puesto en tus manos no es solo para traer provisión o para empoderarte sino para realizar

Sus obras, y destruir las obras del enemigo. Cuando descubras lo que el SEÑOR ha puesto en tus manos, te permitirá salir victorioso.

Tus Manos

Siempre hubo una mujer dentro de Adán de la que él no era consciente hasta que Dios se lo reveló. La viuda tenía un frasco de aceite al que nunca prestó atención. Moisés tenía una vara con la que caminaba y no sabía que Dios la iba a usar para realizar obras milagrosas. En tus manos, posees la herramienta para manifestar la gloria de Dios en tu vida. Todo lo que debes hacer es descubrirlo y entregárselo a Él.

¿QUÉ TIENES EN LA MANO?

El propósito de este capítulo es ayudarte a descubrir las herramientas que Dios ha puesto en tus manos para revelar Su gloria.

PREGUNTAS DE REPASO

1. Según 2 Reyes 4:1-2, ¿Qué tenía la viuda en su casa?

_____

_____

_____

2. ¿Qué tipo de señales pudo realizar Moisés en Egipto con su vara?

_____

_____

_____

_____

3. En tus propias palabras, escribe cómo la honda y la piedra ayudaron a David a ser promovido.

_____

_____

_____

4. Según Jueces 15:16, ¿Qué estaba en la mano de Sansón para destruir al enemigo?

_____

_____

_____

PREGUNTA DE REPASO

1. ¿Puedes describir con tus propias palabras lo que Dios ha puesto en tus manos? ¿Y cómo eso puede ayudarte a manifestar la gloria de Dios en tu vida?

_____

_____

_____

_____

_____

_____

CAPÍTULO 9

Siembra y Cosecha

⁷ No se engañen; Dios no puede ser burlado. Todo lo que el hombre siembre, eso mismo cosechará. ⁸ Porque el que siembra para su carne, de la carne cosechará corrupción; pero el que siembra para el Espíritu, del Espíritu cosechará vida eterna.

—Gálatas 6:7-8 RVA-2015

HAY UNA HISTORIA MUY querida que ha viajado por el mundo y ha sido muy exagerada a través del tiempo. Sin embargo, en su esencia, la historia es verdadera, y el mensaje habla de un principio atemporal. La historia es la siguiente:

Había un joven llamado Howard Kelly que pagaba su matrícula universitaria vendiendo productos de casa en casa. Hubo un día en que Howard no tenía dinero, ni siquiera para comprar un pedazo de pan, y él tenía hambre. Aunque no era una experiencia nueva para Howard, él decidió que pediría algo para comer en la primera casa que encontrara por el camino. Luego vio una casa cerca de una granja y fue y tocó la puerta de esa casa. Entonces, una joven y bella dama abrió la puerta. Sorprendido y algo tímido, Howard pidió un vaso de agua. Sin embargo, la joven, en lugar de agua, le trajo a Howard un vaso de leche.

Se bebió lentamente el vaso de leche mientras conversaba con la joven y luego le dijo: "*¿Cuánto te debo?*".

La joven respondió: "*No me debes nada. Mi madre nos enseñó a nunca aceptar pago por bondad*".

Años después, esa joven se enfermó gravemente y fue llevada a un hospital de una gran ciudad para ser atendida porque los médicos locales no tenían los recursos para tratar su enfermedad. Howard Kelly, habiéndose convertido en doctor, fue uno de los especialistas que trató a la mujer y le salvó la vida. Como acto de bondad, el Dr. Kelly pagó la factura del hospital. Sin embargo, la mujer no lo sabía y estaba preocupada por cómo iba a pagar la factura del hospital. Cuando recibió la factura, al final de la factura decía: *"Pagado con un vaso de leche.(Firmado): Dr.Howard Kelly".* [1]

Cuando escuché por primera vez esta historia, recuerdo haber sido convencido por el Espíritu Santo. Dios habló a mi espíritu y dijo: *"¿Qué has sembrado en Mi Reino que puedas cosechar?"* Me quedé en silencio porque no tenía respuesta. En ese momento, entendí que puedes ser un hombre con muchas visiones y sueños, pero si no te tomas el tiempo para sembrar en ellos, nunca cosecharás una cosecha.

Día del Juicio

Supongamos que en los próximos minutos debes aparecerte ante el Tribunal de Cristo. ¿Qué clase de cosecha estarías presentándole al SEÑOR? Todos en la tierra deben dar cuenta a Dios en el día del juicio, y es evidente que todos han recibido dones del SEÑOR como en la parábola de los talentos. Aquella joven solo sembró un vaso de leche como acto de bondad y recibió un milagro a cambio. Antes de que el milagro toque tu puerta, primero hay que sembrarlo.

Tu Cosecha

A través de las décadas, el cuerpo de Cristo se ha beneficiado de los dones y la unción de hombres y mujeres de Dios que recibieron dones tales como: una palabra profética, una liberación, sanidad o revelación. Sin embargo, el cuerpo de Cristo se ha vuelto demasiado cómodo y ha comenzado a alimentarse de la cosecha de otros, mientras que al mismo tiempo descuida su responsabilidad de sembrar y cosechar sus propios dones. Hoy, Dios te está llamando a sembrar en Sus promesas sobre tu vida porque hay personas que necesitan alimentarse de tu cosecha. Tal vez seas el próximo Billy Graham que Dios usará para predicar el evangelio a millones de personas. Tal vez seas el próximo adorador que tiene canciones que traerán el cielo a la tierra. O tal vez eres el próximo escritor que impactará generaciones a través de tu escritura. Dentro de cada hombre hay una cosecha, pero para segar una cosecha, primero debe haber una siembra. En este capítulo, elaboraré sobre el proceso de sembrar y cosechar, y los elementos importantes para liberar la gloria de Dios en tu vida. Primero entendamos algunos principios sobre la siembra y la cosecha.

I. SIEMPRE COSECHA LO QUE SIEMBRA.

- *Si siembras semillas de manzanas, cosecharás manzanas.*
- *No esperes una cosecha si no has sembrado nada.*
- *Tu cosecha será el resultado de tu siembra.*

II. SIEMPRE SE COSECHA MÁS DE LO QUE SE SIEMBRA.

- *La siembra activa la ley de la multiplicación.*
- *La productividad de tu vida está determinada por tu habilidad para sembrar.*

III. SIEMPRE COSECHA EN UNA TEMPORADA DIFERENTE A LA QUE SE SEMBRÓ.

- *Cada cosecha tiene su propia temporada.*
- *Algunas semillas dan fruto en diferentes estaciones.*
- *Cosechar fuera de temporada, o fuera del tiempo de Dios, destruirá la cosecha.*
- *Tu temporada no depende de un hombre, un ministro o de ti. Tu temporada sólo depende de Dios.*

SEMILLA

Primero, se debe identificar una semilla. En Génesis 1:12a leemos: *"Y produjo la tierra vegetación: hierbas que dan semilla según su género, y árboles que dan fruto con su semilla en él, según su género"*. Una semilla solo da fruto según su especie, o simplemente, según su ADN. Como se mencionó anteriormente, una semilla de pera produce peras, semillas de manzana, manzanas y semillas de naranja, naranjas. Eres un vaso llamado a dar fruto según la clase de semilla que Dios ha sembrado en ti. Déjame explicar. Primero se debe sembrar una semilla en la tierra para que se active, y al igual que la tierra, somos vasijas de barro que llevamos dentro de nosotros las semillas del llamado específico de Dios en nuestras vidas. Por lo tanto, solo Dios, nuestro Creador, conoce el tipo de semillas que llevamos.

Descubrir Tu Identidad

Descubrir el tipo de semillas dentro de ti significa descubrir tu identidad. Tu identidad te define y da significado a tu existencia en la tierra. Es importante comprender que una persona que ha descubierto su identidad produce una fundación sólida en la vida. Esta es una de las principales razones por las que Jesús no pudo ser conmovido, pues Él sabía quién era Él en la Tierra, y el haber descubierto Su identidad le hizo tener una fundación sólida en Su vida.

En una ocasión, Jesús reprendió a Pedro, uno de los doce discípulos, porque Pedro (reprendiendo a Jesús) se interpuso en el camino con respecto a Su crucifixión. Veamos el relato de Mateo con respecto a esto:

[21] Desde entonces Jesucristo comenzó a declarar a sus discípulos que debía ir a Jerusalén y sufrir muchas cosas de parte de los ancianos, de los principales sacerdotes y de los escribas, y ser muerto, y resucitar al tercer día. [22] Y tomándole aparte, Pedro comenzó a reprenderle, diciendo: ¡No lo permita Dios, Señor!

Eso nunca te acontecerá. [23] Pero volviéndose Él, dijo a Pedro: ¡Quítate de delante de mí, Satanás! Me eres piedra de tropiezo; porque no estás pensando en las cosas de Dios, sino en las de los hombres.

—Mateo 16:21-23

Una persona que conoce su identidad en Cristo no será movido por la voz del enemigo. La lluvia puede descender, la inundación puede venir y el viento puede soplar; pero si te mantienes firme en la Roca (Jesús), tu vida no se moverá (ver Mateo 7:24-25). Por eso es extremadamente importante saber lo que Dios dice acerca de quién eres, no lo que tu vecino, tu mejor amigo o lo que crees que eres. El Creador nos ve de la manera en que Él nos creó, y si deseas producir una cosecha en tu vida, primero debes ser capaz de identificar el tipo de semilla. A menos que seas capaz de identificar tu semilla, nunca serás capaz de producir una cosecha.

TERRENO

En el principio de la siembra y cosecha, el siguiente proceso es evaluar el terreno en el que se está sembrando. Más del 50% de las frutas en los Estados Unidos son importadas debido a que las condiciones de su tierra y clima impiden que algunas frutas se produzcan.[2] Cada tipo de semilla requiere un terreno específico para crecer.

En la parábola del sembrador (Mateo 13:1-9; 18-23), todas las semillas eran del mismo tipo, pero el enfoque no estaba tanto en el tipo de semilla sino en el tipo de terreno en la cual cayeron: esto afectó el crecimiento de la semilla de una manera positiva o negativa.

Estar Plantado en la Tierra Correcta

No puedo hablar de plantamiento sin mencionar a Lighthouse Christian Fellowship. Es aquí donde los principios de ser plantado se establecieron por primera vez en mi vida, entre muchas otras verdades fundamentales. Puedo decir con certeza que si estuviera plantado en otro lugar, mi fe no habría sido lo suficientemente fuerte y mi crecimiento espiritual se hubiera pasmado. Lo que ofrece Lighthouse era necesario, esencial y fundamental para que mi destino y mi llamado se hicieran realidad. Siempre agradeceré a Dios por el Pastor Roger y el ministerio de esta iglesia en conjunto. Estar plantado en el terreno adecuado puede llevar a que se haga historia, se cambien los destinos y se transformen las naciones para la gloria de Dios.

Crecimiento

Dios es responsable de traer crecimiento a nuestras vidas (ver 1 Corintios 3:7). Sin embargo, Dios no puede traer crecimiento si no estás plantado en el terreno correcto. Si una persona esta plantado en el terreno equivocado, la persona nunca crecerá ni alcanzará su máximo potencial. Por ejemplo, un cactus tiene la capacidad de crecer en el desierto, mientras que otras plantas no pueden, porque eventualmente mueren debido al tipo de terreno o condiciones ambientales. Lamentablemente, hay muchas personas que están espiritualmente muertas porque no están plantadas en la tierra adecuada.

Un cristiano fiel y dedicado puede ser buena semilla y nunca cosechar una cosecha porque estaba en el lugar equivocado. Ser plantado en el terreno correcto significa que la tierra tiene los nutrientes necesarios y es capaz de proveer un ambiente adecuado para que crezca una semilla. Si te encuentras estancado y sin crecer, hazte esta pregunta: "*¿En qué clase de tierra estoy plantado?*" Ser plantado en un terreno fértil como creyente en Cristo no significa necesariamente que vas a estar en un lugar cómodo o estar libre de aflicciones y tribulaciones. Estar plantado en la tierra adecuada significa estar en un ambiente donde están presentes todos los "nutrientes necesarios" para tu crecimiento. Dios puede ponerte en un lugar donde tendrás que pasar por un horno de fuego, un foso de leones, una prisión o por el desierto con el único propósito de hacerte crecer y dar mucho fruto para Su gloria.

El enemigo usará las ofensas como una forma de obstaculizar tu crecimiento espiritual y causar que seas

arrancado de donde Dios se propuso que fueras plantado. Observe cómo la astuta serpiente causó que Adán
y Eva fueran expulsados del Jardín del Edén. Este "arran-
camiento" de Adán y Eva los condujo a un ambiente
severo en oposición al perfecto en el que el SEÑOR Dios
diseñó para que prosperaran y se desarrollaran.

Estas son algunas de las razones por las que algunos
creyentes dejan el lugar en el que Dios los plantó: "No
estoy creciendo espiritualmente", "Debería estar diri-
giendo la adoración o el servicio de jóvenes". "Son
demasiado estrictos". "No hay orden". "No estoy de
acuerdo con la forma en que administran el servicio".
"Estoy perdiendo mi tiempo aquí". "Nada está cambiando". "Mi líder no me reconoce". Y la lista continúa.
Algunos de estos escenarios son legítimos, pero muchos
son solo excusas que hacemos para justificar nuestro
razonamiento carnal. La Escritura dice claramente:
"*Plantados en la casa del Señor, florecerán en los atrios
de nuestro Dios.*" (Salmo 92:13). En primer lugar, la
pregunta principal que debemos hacer a Dios es: "*Señor,
¿dónde quieres que esté plantado?*". Cuando una persona
tiene un claro entendimiento de dónde quiere Dios que
esté plantado, entonces todo lo demás es secundario. Si
eres fiel, Dios mismo te posicionará, te abrirá puertas, te
promoverá, causará crecimiento espiritual en tu vida, y
proveerá todo lo necesario para que vivas una vida plena.

SIEMBRA Y COSECHA | 199

Es extremadamente importante ser plantado en buena tierra y ambiente adecuado, porque cada buena semilla necesita una buena tierra para que pueda crecer.

José

¿Sabes cómo José se convirtió en la mano derecha del Faraón? La vida de José fue sembrada en la tierra correcta. Si hubiera estado sembrado toda su vida en Canaán, nunca habría llegado al trono. Egipto tenía todos los nutrientes adecuados para el crecimiento de José.

Rey David

Si David no hubiera sido fiel a estar plantado en la casa de su padre, no habría estado en condiciones de recibir la orden de su padre de enviar comida a su hermano en el campo de batalla, lo que le llevó a matar a Goliat y y eventualmente convertirse en el rey de Israel.

A través de la lectura de las Escrituras, estoy bastante seguro de que David estaba ansioso por ser parte de algo más grande, para traer gloria a Dios y victoria a Israel. Estoy seguro de que pensó muchas veces en estar en el campo de batalla, gloriándose en Su Dios y usando los dones y habilidades que Dios le dio para la gloria de Dios y por amor a su pueblo, Israel. Pero estar plantado en la casa de su padre cuidando las ovejas de su padre lo preparó para cómo Dios lo usaría en el futuro. El testimonio de cómo David mató al león y al oso, las canciones que escribió, cantó y tocó en su tiempo libre, el tiempo que pasaría leyendo las Escrituras, todo fue esencial para que Dios lo moldeara y lo preparara. De estas experiencias y victorias personales, David extrajo su fe, fortaleza y valor. Es bueno señalar el hecho de que nadie estaba observando o reconociendo a David durante este período de su vida, pero cuando moras en el lugar secreto, serás recompensado en el publico.

Plantado Versus Enterrado

Es crucial saber la diferencia entre plantar y enterrar. Tanto el proceso de plantar como el de enterrar implican excavar; sin embargo, plantar trae vida y crecimiento, mientras que enterrar suprime y dificulta el crecimiento. Una semilla es capaz de crecer cuando se planta, no cuando está enterrada. Es importante saber qué semilla se está sembrando porque ciertas semillas requieren ciertas profundidades para sembrarla. Si siembras una semilla muy profunda en la tierra, dificultarás su capacidad de crecer. Muchas personas entierran sus sueños, visiones o propósitos, y nunca ven crecimiento en sus vidas porque nunca fueron plantados. En otras palabras, nunca invirtieron en sus sueños, sino que permanecieron estancados y complacientes, lo cual es sinónimo de enterrarlos (ver Salmo 1).

CULTIVANDO LA SEMILLA

El cultivo es el proceso más importante para una cosecha exitosa. El cultivo es el proceso mediante el cual el agricultor proporciona los cuidados necesarios para que la semilla crezca y produzca frutos. La forma en que un agricultor cultiva sus cultivos determinará la productividad de la cosecha. En el libro de Génesis, Dios revela la intención de Adán de cultivar y conservar lo que había plantado en el Jardín del Edén (ver Génesis 2:15). Por lo tanto, es responsabilidad del hombre cultivar sus cosechas como lo revelan las Escrituras.

Tiempo de Cosecha

Un buen agricultor sabe que el tiempo es crucial para una gran cosecha. El proceso de cultivo es similar al de un inversionista porque ambos demandan tiempo. Los empresarios saben que la mejor inversión es a largo plazo porque las inversiones a corto plazo generalmente no garantizan una buena ganancia debido a su naturaleza de mayor riesgo, que se parece más a los juegos de azar. Sin embargo, una inversión a largo plazo exige un tiempo sustancial, pero generalmente produce una mayor recompensa.

Entonces, ¿cuánto tiempo estás invirtiendo en tus sueños? ¿Cuánto tiempo estás invirtiendo en las promesas de Dios para tu vida? ¿En qué estás invirtiendo tu tiempo? Tu cosecha proviene del lugar en el que estás invirtiendo tu tiempo. Si una persona invierte su tiempo en las redes sociales, en Netflix, o en programas de televisión, ¿sabes lo que esa persona va a cosechar? Procrastinación. La procrastinación está destruyendo a esta generación. Esta generación está pasando más tiempo en las redes sociales que en la presencia de Dios. Veamos lo que Pablo dijo a la iglesia de Gálatas, "*Porque el que siembra para su carne, de la carne cosechará corrupción*" (Gálatas 6:8a RVA-2015). Cualquier persona que siembra en la carne solo cosechara pérdidas. ¿Sabes por qué muchos creyentes en Cristo se sienten secos, muertos o incapaces de cosechar nada en sus vidas? Porque no están invirtiendo tiempo en cultivar sus cultivos.

- *Si quieres ver un matrimonio feliz, invierte tiempo en tu pareja.*

- *Si quieres ver un hogar funcional, invierte tiempo en tu familia.*

- *Si quieres ser un empresario exitoso, invierte tiempo en tu negocio.*

- *Si quieres ser usado poderosamente por Dios, invierte tiempo con Él.*

- *Si quieres cosechar las bendiciones de Dios para tu vida, invierte tu tiempo en cultivar Sus promesas.*

Como en la parábola de los talentos, mucha veces podemos volvernos como el siervo que decidió enterrar su talento, esperando que el talento se multiplicara milagrosamente. Permítanme aclarar esto, no habrá multiplicación sin acciones significativas. La fe opera con obras, y la cosecha opera con la siembra. Dios te está llamando a que empieces a cultivar tu tiempo en tus cultivos para que puedas cosechar tu cosecha.

RECOGIENDO LA COSECHA

El momento más alegre del agricultor es el momento de la cosecha. Cuando por fin llega el momento de la cosecha, hay una alegría exuberante después de todo el trabajo, sudor y esfuerzo. Cosechar una cosecha tiene dos beneficios principales.

Bendición

El primer beneficio de cosechar es que trae bendiciones abundantes. A todos les gusta que Dios derrame Sus bendiciones en sus vidas, sin embargo, Dios quiere que todos sean bendecidos, no solo unos pocos. Por lo tanto, Dios trae bendiciones en la vida de una persona, no sólo por el bien del individuo, sino también para que seas una bendición para los demás. Dios quiere que seas un instrumento en Sus manos para que Él canalice y propague sus bendiciones por todo el mundo. Es la voluntad de Dios que tengas éxito en tu vida y cumplas tus sueños, ya sea escribiendo una canción, creando música, lanzando un negocio, construyendo ministerios o convirtiéndote en un líder influyente, todo eso tiene el apoyo total de Dios, y Él quiere que sepas que en Sus manos no se corromperá, sino que traerá vida y las bendiciones de Dios al mundo. El Salmo 24:1a dice: *"Del SEÑOR es la tierra y todo lo que hay en ella".* Y también sabemos por las Escrituras que *"Más bienaventurado es dar que recibir"* (Hechos 20:35c) ¿Por qué Dios entregó a su Hijo unigénito? Porque Él amó al mundo, y al dar la vida de Su Hijo, aquellos que creyeron en Él recibirán vida eterna (ver Juan 3:16). El sistema de intercambio de Dios es muy diferente al del mundo. Dios es el dador por excelencia, dando a la humanidad vida eterna a través de Jesucristo. Recoger una cosecha es el resultado de un duro trabajo, pero recuerda siempre que, *"más bienaventurado es dar que recibir".*

Multiplicación

El segundo beneficio de recoger una cosecha es que trae multiplicación. Desde el tiempo de la Creación, Dios ordenó a la humanidad que se multiplicara. El propósito de la multiplicación es expandir el Reino de Dios. Dios nos ha llamado a ser como Josué y conquistar la Tierra Prometida y expandir Su reino. Dios no solo te está llamando a conquistar Sus promesas, sino que también te está llamando a extender Su reino. Él necesita vasos disponibles para expandir Su reino en el gobierno, las escuelas, la fuerza laboral, el ejército, las prisiones, los hospitales y en todas las naciones del mundo. Sin embargo, Dios está esperando que comiences a sembrar en el reino para que puedas cosechar para Su reino.

No Te Canses

Es posible que no sepas en qué etapa del proceso de siembra y cosecha te encuentras. Tal vez no haya podido encontrar tu identidad, es posible que esté buscando un lugar para plantar, en el proceso de cultivar o en el proceso de cosechar. Recordemos siempre lo que el apóstol Pablo dijo en Gálatas 6:9: *"Y no nos cansemos de hacer el bien, pues a su tiempo, si no nos cansamos, segaremos"*. Permanezcan en la carrera, sean fuertes en el SEÑOR y crean siempre que Él es fiel para cumplir todo lo que ha prometido.

SIEMBRA Y COSECHA

En este capítulo, aprendemos el proceso de sembrar y cosechar y los elementos importantes para liberar la gloria de Dios en tu vida.

PREGUNTAS DE REPASO

1. Según el Salmo 92:13, ¿Qué sucede cuando eres plantado en la casa de el SEÑOR?

    _____

    _____

    _____

2. Según 1 Corintios 3:7, ¿Cómo eres responsable de traer crecimiento a tu vida?

    _____

    _____

    _____

3. Según la parábola del sembrador, ¿Qué causo que las semillas que crecieran o no? (Leer Mateo 13:1-9; 18-23.)

    _____

    _____

    _____

4. ¿Qué dice Hechos 20:15 acerca de dar?

_____

_____

_____

5. Según Juan 3:16, ¿Qué ejemplo da Dios a la humanidad acerca de dar?

_____

_____

_____

PREGUNTAS PERSONALES

1. ¿Por qué es importante identificar el tipo de semilla en tu vida?

_____

_____

_____

_____

2. ¿Cómo te ves, estás plantado o estás enterrado? ¿Explicar por qué?

_____

_____

_____

_____

3. ¿Cómo estás invirtiendo tu tiempo en tu cultivo? Si no lo eres, ¿por qué?

_____

_____

_____

4. ¿Cómo estás siendo una bendición para los demás?

_____

_____

_____

Tiempo de Oración: Tomemos un momento y oremos para que Dios nos ayude a ser plantados en la casa correcta.

Padre Celestial,

Tu Palabra dice que "Plantados en la casa del Señor, florecerán en los atrios de nuestro Dios" (Salmo 92:13) y deseo profundamente florecer y cosechar para Tu Reino. Dios, ayúdame a identificar y descubrir el lugar donde deseas que me plante, para que pueda crecer y producir frutos que permanecerán para Tu Reino. Dirige y guía mis pasos en Tu plan perfecto para mi vida. En el precioso nombre de Jesucristo oro.

Amén

CAPÍTULO 10

Carrera de Revelo

¿No saben que los que corren en el estadio, todos a la verdad corren, pero solo uno lleva el premio? Corran de tal manera que lo obtengan.

—1 Corintios 9:24 RVA-2015

E n 1 Corintios 9:24, Pablo anima a todos los creyentes a correr como si estuvieran corriendo una carrera, es decir, corriendo con la intención y el propósito de alcanzar el premio final. Nuestra vida aquí en la tierra se puede comparar con la de una carrera, avanzando hasta que llegamos a la meta. Asimismo, debemos trabajar constantemente para cumplir el propósito para el cual fuimos creados por nuestro Padre Celestial. Sin embargo, la realidad es triste. No todos los que corren terminan la carrera que han empezado, y no todos cumplen su destino. Es nuestra responsabilidad terminar la carrera que empezamos, pero es crucial saber que nuestra carrera no es independiente, es una carrera de relevo. En otras palabras, dependemos unos de otros para terminar y recibir nuestra recompensa.

¿Qué es una Carrera de Relevo?

Un corredor lleva un tubo llamado el testigo y corre una distancia específica, luego le entrega el testigo al siguiente corredor. La entrega del testigo debe realizarse dentro de una zona restringida, y mientras el siguiente corredor comienza a correr y a sincronizarse con el corredor que la pasa. Así que el tiempo es crucial. Todo esto debe suceder sin dejar caer el testigo. Si los corredores no pasan el testigo dentro de la zona restringida, o si lo dejan caer en algún punto de la carrera, el equipo queda automáticamente descalificado.

¿Qué Simboliza el Testigo?

Pasar el testigo simboliza la transferencia del manto a la siguiente generación.

> *El ascenso o colapso de las naciones depende del liderazgo.*

El manto simboliza el papel del liderazgo, su visión, espíritu y ministerio. Como ejemplo, antes de que Elías fuera tomado, el entrego con éxito su ministerio a Eliseo, dejando su manto. En respuesta a su fe, Eliseo tomó el manto y continuó el ministerio que Elías comenzó, siguiendo sus pasos y funcionando en la misma capacidad de liderazgo que Elías.

El testigo es el símbolo del liderazgo. El ascenso o colapso de las naciones depende del liderazgo. Nuestros derechos, creencias, educación, economía, moral y valores están influenciados por nuestros líderes. El nivel de influencia de un líder afecta a las familias, las comunidades, el lugar de trabajo y su

> *El discipulado es el medio por el cual se forman los líderes.*

país. Los líderes ineficaces que gobiernan y representan a nuestro mundo carecen de carácter, moral, valores y buena ética. Como resultado, el mundo es impactado negativamente. Por esta razón, antes de que uno pueda pasar con éxito el testigo, debemos discipular verdaderos líderes que cumplirán fielmente, lealmente y exitosamente su misión en la tierra.

La Importancia del Discipulado

El discipulado es el medio por el cual se forman los líderes. Un gran discipulado producirá grandes líderes. Cuando Jesucristo caminó sobre esta tierra, formó discípulos que pudieron continuar la obra que Él comenzó durante Su ministerio terrenal. Lo que hizo que el ministerio de Jesús sea tan exitoso no fue tanto la magnitud de Su influencia o el inmenso impacto que tuvo en la vida de tantas personas, sino la capacidad para producir discípulos que replicarían y continuarían Su obra con tanta eficacia y éxito. Han pasado unos 2,000 años desde que Jesucristo caminó sobre esta tierra, y la obra que Él comenzó aún continúa hasta el día de hoy. La capacidad de Jesús para transmitir Su conocimiento, experiencias, habilidades y cualidades de liderazgo a Sus discípulos era como ninguna otra.

Cuando leemos las Sagradas Escrituras, llegamos a comprender que la clave del éxito de Jesús es el Espíritu

> *El discipulado fue la clave fundamental para la expansión del reino de Dios.*

Santo. Aunque dejó la tierra, nunca dejó a Sus discípulos, sino que les otorgó su Espíritu. Debemos entender que Jesús no solo vino a la tierra para cumplir Su misión en la cruz, sino también para formar discípulos. El discipulado fue la clave fundamental para la expansión del reino de Dios. Por eso, antes de Él acender al Padre, nos mandó hacer discípulos en todas las naciones (ver Mateo 28:16-20).

Parte de cumplir el propósito de Dios en tu vida incluye derramar todo lo que has recibido del Padre a la próxima generación. Estamos aquí no solo para terminar nuestra carrera, sino para ayudar a los que nos siguen a terminar la suya. Generaciones han sido descalificadas porque hemos puesto tanto énfasis en correr nuestra propia carrera que nos hemos olvidado de pasar el testigo a la próxima generación.

Caída del Testigo

En las vacaciones de primavera de 2009, al regresar a casa de la universidad, ocurrió un evento trágico en mi vida durante la primera semana de mi llegada. Mi padre fue ingresado en el hospital y falleció. Esto fue realmente inesperado y todo sucedió tan rápido que no pude procesar la realidad de su muerte. Su ausencia me hizo vagar durante muchos años, y me convertí en alguien sin identidad ni propósito en la vida. Afortunadamente, todo eso cambió el día que tuve un encuentro con Jesucristo. Convirtió mi lamento en alegría.

Mi padre era un hombre muy respetado, lleno de sabiduría y un hombre íntegro. Personalmente puedo decir que me educó bien y fue un modelo a seguir para mí y mis hermanos. Pero dejó caer la pelota cuando terminó la carrera de su vida sin pasar con éxito el testigo a la próxima generación, un error que cometen muchos padres. Como resultado, tuve que empezar desde cero, y por eso cometí muchos errores innecesarios y repetibles. Mi papá no dio instrucciones después de su fallecimiento porque nunca se preparó para su muerte. Pablo dijo en 2 Timoteo 4:6: *"Porque yo ya estoy para ser derramado como una ofrenda de libación, y el tiempo de mi partida ha llegado"*. Pablo estaba listo para morir por Cristo, lo que también lo ayudó a preparar y poner las cosas en orden antes de su muerte.

Consumado Es

El apóstol Pablo comprendió que el caminar cristiano es como una carrera, miren su exhortación a Timoteo: *"He peleado la buena batalla, he terminado la carrera, he guardado la fe"* (2 Timoteo 4:7). Pablo fue un ejemplo de alguien que perseveró y terminó la carrera hasta el final, pasando con éxito el testigo a su hijo de la fe, Timoteo.

Otro ejemplo de Aquel que terminó la carrera que comenzó es Jesucristo. Veamos lo que Jesús dijo en el evangelio de Juan 19:30:

Entonces Jesús, cuando hubo tomado el vinagre, dijo: ¡Consumado es! E inclinando la cabeza, entregó el espíritu.

Jesucristo representa al primer corredor, y el testigo ha pasado a través de múltiples generaciones, comenzando con Sus doce discípulos. El tiempo de transición ya ha comenzado, el testigo ha pasado a esta generación, de manera similar a como fue pasado de Moisés a Josué, de David a Salomón, y de Elías a Eliseo. El SEÑOR está confiando en la generación escogida para llevar a cabo Su voluntad, propósito y verdad en la tierra. Estamos en el punto de transición en el que se está pasando el testigo. Es posible que tú estés recibiéndolo, o tal vez seas el que lo pasa. Cualquiera que sea tu posición, ten cuidado de no dejarlo caer. Ha llegado el momento de que esta generación termine la carrera. A menudo, nos enfocamos tanto en nosotros mismos que nos olvidamos de dejar un legado para la próxima generación. Los padres de esta generación deben comprender la importancia de pasar el testigo. En este capítulo final, concluiré con las implicaciones de lo que implica el verdadero discipulado.

INSTRUIR Y ENSEÑAR

En el sentido más básico, el discipulado es el proceso de enseñar e instruir a individuos o a un grupo en algún tipo de disciplina para sus vidas. El libro de Proverbios nos exhorta así: *"Enseña al niño el camino en que debe andar, y aun cuando sea viejo no se apartará de él"* (Proverbios 22:6). ¿Cuántas veces hemos escuchado este versículo predicado por nuestros pastores, líderes, amigos y padres? Cuando leí este versículo por primera vez, solo pude ver una verdad expresada, y es que los padres son responsable de instruir a sus hijos en los caminos del SEÑOR. Sin embargo, si lees cuidadosamente la parte que dice: *"Enseña al niño el camino en que debe andar"*, comienza a surgir otra verdad. La crianza de los hijos no solo consiste en enseñarles los caminos del SEÑOR, sino que nuestra responsabilidad es también instruirlos *"el camino en que* [el niño] *debe andar"*. La versión amplificada dice: *"Instruye al niño en el camino que debe andar [enseñándole a buscar la sabiduría y la voluntad de Dios para sus habilidades y talentos]"* (AMP, versión traducida literalmente del ingles). El verdadero discipulado consiste en capacitar y enseñar al discípulo a buscar la voluntad y la sabiduría de Dios para descubrir su propio propósito. Mucha veces, discipulamos a otros según nuestros propios deseos, en lugar de guiarlos en el camino que Dios ha diseñado para ellos.

Debemos entender la importancia de instruir a la próxima generación a seguir su propio camino de acuerdo a las habilidades y talentos que Dios ha puesto en ellos. De lo contrario, puede dar luz a la rebelión. Para poner esto en perspectiva, Jesús le dijo a Saulo: *"¿Por qué me persigues? Dura cosa te es dar coces contra el aguijón"* (Hechos 26:14b). Un aguijón era un palo de madera puntiagudo que se usaba para instar a un buey obstinado a moverse. En sentido figurado, hemos colocado aguijones en esta generación, obligándolos a caminar por nuestro camino y no por el que deben seguir. En vez de discipular a una generación, los estamos lastimando y haciendo que se rebelen. La Escritura dice que Juan el Bautista estaba para preparar *"el camino del SEÑOR"* y hacer *"derechas sus sendas"* (Marcos 1:3). Debemos ser como Juan y ayudar a preparar el camino para la generación que nos sigue. Veamos algunos ejemplos.

David y Salomón

El rey David era conocido como un hombre conforme al corazón de Dios. Sin embargo, su reinado de cuarenta años en Israel estuvo lleno de guerras y batallas contra el enemigo. Aunque David derramó mucha sangre a lo largo de su vida, no instruyó a Salomón para que siguiera su camino de guerra, sino que construyera el templo de Dios, el camino que Dios había preparado para él. Podemos ver cómo David puso en orden su reino antes de morir, dando instrucciones a Salomón sobre el reino que le entregaba (ver I Reyes 2). David entendió cómo instruir a su hijo Salomón en el camino para el que él había nacido. Como resultado, Salomón no tuvo que pelear ninguna guerra porque su padre David siguió y cumplió su destino, mientras preparaba el camino para su hijo Salomón.

Moses and Joshua

Moisés y la generación que cruzó el Mar Rojo (excepto Josué y Caleb) no entraron a la Tierra Prometida. Sin embargo, Moisés se encargó de enseñar los mandamientos del SEÑOR a la siguiente generación. Él desinteresadamente entregó el testigo a Josué, su sucesor, para que terminara la carrera y entrara en la Tierra Prometida. Debemos entender que es posible que no veamos el cumplimiento de todas las promesa de Dios en nuestra vida, pero si somos fieles, nuestros hijos y nietos la verán realizada. Por ejemplo, Dios le prometió a Abraham que se convertiría en una gran nación, sin embargo, él no vio la promesa cumplida durante su vida. Recuerda que no estamos llamados a correr una carrera independiente, sino una carrera de relevo. Discipulemos a los que nos siguen, enseñándoles y entrenándolos en el camino que deben seguir.

SERVICIO

Otra clave importante para el verdadero discipulado es el servicio. Las Escrituras tienen mucho que decir acerca del servicio. Leamos Mateo 20:26-28 RVA-2015 donde Jesús habló a Sus discípulos acerca del servicio:

> [26] Entre ustedes no será así. Más bien, cualquiera que anhele ser grande entre ustedes será su servidor; [27] y el que anhele ser el primero entre ustedes, será su siervo. [28] De la misma manera, el Hijo del Hombre no vino para ser servido, sino para servir y para dar su vida en rescate por muchos.

Jesús explica que si una persona desea ser grande, primero tendrá que convertirse en un siervo. Él no sólo enseñó a Sus discípulos acerca de la importancia de servir, sino que Él mismo, siendo Dios hecho carne, se hizo hombre y lavó los pies de Sus discípulos para enseñarles el principio del servicio (ver Juan 13:1-17). Pablo escribió acerca de Jesús en Filipenses 2:6-7 RVA -2015 diciendo:

> Existiendo en forma de Dios, él no consideró el ser igual a Dios como algo a que aferrarse; sino que se despojó a sí mismo, tomando forma de siervo, haciéndose semejante a los hombres.

En este pasaje, Pablo continúa describiendo a Jesús como algo más que un servidor. Lo describió como un siervo. En el diccionario Merriam

> *El servicio es una llave que abre puertas a la grandeza y es un requisito fundamental para el liderazgo.*

Webster de 1828, un "servidor" se define *como alguien que sirve a los demás,* [1] mientras que un "siervo" es *alguien obligado a servir sin salario.*[2] Jesús no nos sirvió para recibir ningún tipo de beneficio, sino más bien, lo hizo por Su amor incondicional por la humanidad. El servicio no es una obligación, es una decisión de vida. El servicio es una llave que abre puertas a la grandeza y es un requisito fundamental para el liderazgo.

Elías y Eliseo

Eliseo se convirtió en el sucesor del gran profeta Elías.
Eliseo pidió una doble porción del espíritu de Elías (ver
2 Reyes 2:9), y después de que Elías fue tomado por el
SEÑOR, Eliseo recibió su manto, símbolo de la doble
porción. El pensamiento de una doble porción en la
Biblia es la de una doble bendición. Se usaba común-
mente en el Antiguo Testamento para referirse a una
doble bendición, o a la primogenitura de un primogénito.

- *La Ley de Moisés usó este término para describir la doble
  porción asignada al hijo primogénito* (Deuteronomio
  21:17).

- *Elcana le dio a su esposa Ana una doble porción debido
  a su amor por ella a pesar de su esterilidad* (1 Samuel
  1:5).

- *Job recibió el doble de lo que tenía antes de él ser probado*
  (Job 42:10).

Es interesante que la Escritura registra que Eliseo realizó el doble de los milagros que Elías hizo. Entonces,
¿cuál fue la clave de la doble porción de Eliseo? Era
su espíritu de servicio. ¿Cuántas personas han orado
al SEÑOR por una "doble porción"? Puede sonar muy
espiritual, sin embargo, una doble porción no se recibe
por la imposición de manos, o por el ungimiento de

aceite. Eliseo tenía derecho a recibir una doble porción debido a todos sus años de servicio. El sirvió fielmente en el ministerio de otro hombre, dándole el derecho de pedir y recibir una doble porción. Los discípulos de Jesús realizaron grandes señales, milagros y maravillas porque le sirvieron. El discipulado implica que tienes un corazón para servir demás.

MENGUAR

AOtra clave fundamental es el acto de conceder. Juan el Bautista dijo a Sus discípulos que, "*Es necesario que Él* [Jesús] *crezca, y que yo disminuya*" (Juan 3:30). Antes de que Jesús fuera bautizado en el río Jordán y comenzara Su ministerio, Juan el Bautista era el predicador famoso, muy conocido en todo Israel. La multitud acudía a él para escuchar el mensaje de arrepentimiento y ser bautizado en agua. Luego, cuando comenzó el ministerio de Jesús, la gente comenzó a ir a Jesús para ser bautizados y discipulados por Él. Algunos de los discípulos que permanecieron en el ministerio de Juan le preguntaron a Juan: "*Rabí, mira, el que estaba contigo al otro lado del Jordán, de quien diste testimonio, está bautizando y todos van a Él*". (Juan 3:26). Los discípulos de Juan querían respuestas sobre por qué todos se iban a seguir el ministerio de Jesús. Juan el Bautista no criticó ni habló mal contra Jesús y Su ministerio, sino que dijo: *"Es necesario que Él crezca, y que yo disminuya"* (Juan 3:30). Juan entendió que era hora de pasar el testigo, y eso significaba conceder humildemente su ministerio a su legítimo sucesor. En el corazón de Juan no había envidia ni odio, de ahí su confesión en el versículo 29: *"Y por eso, este gozo mío se ha completado".* Juan estaba alegre y satisfecho, no solo porque cumplió su asignación terrenal, sino también porque pasó con éxito el testigo. Asimismo, en la carrera de relevo, después de haber corrido su distancia, el corredor necesita hacer la transición y pasar el testigo al siguiente corredor, con éxito. Habrá una transición en nuestras vidas en la que tendremos que menguar (quitarnos del camino) y permitir que la generación que nos sigue aumente (entre en su destino). Jesús, siendo Dios, se humilló haciéndose hombre y ascendió al cielo para que nosotros podamos continuar Su gran obra en la tierra como Su cuerpo.

PATERNIDAD

En mi opinión, el problema numero uno en esta generación es la falta de padres. La falta de padres no es solo una crisis espiritual en la iglesia, sino una epidemia en los Estados Unidos. *"The Fatherless Generation"*[3] cita algunas estadísticas preocupantes de niños sin padre en los Estados Unidos:

- *El 63% de los suicidios de jóvenes provienen de hogares sin padre.*
- *El 71% de todos los que abandonan la escuela secundaria provienen de hogares sin padre.*
- *El 90% de todos los niños sin hogar y fugitivos provienen de hogares sin padre.*
- *El 85% de todos los jóvenes en prisión provienen de hogares sin padre.*

Es doloroso saber cómo nosotros, la Iglesia, hemos permitido que el enemigo se infiltre en nuestros hogares y traiga destrucción. La Escritura dice claramente que *"Si una casa está dividida contra sí misma, esa casa no podrá permanecer"* (Marcos 3:25). La fundación de una casa es la parte más importante de su construcción. La fundación esta creada para soportar el peso de una casa, y una casa sin una fundación solida no podrá permanecer. Asimismo, un padre es el fundamento de un hogar. Los padres sostienen el peso de la familia. El enemigo sabe que si puede destruir la cabeza (la figura paterna) en la familia, puede destruir una generación.

Padre Versus Maestro

Pablo escribió: *"Pues aunque tengan diez mil tutores en Cristo, no tienen muchos padres"* (1 Corintios 4:15a). Hoy en día, hay miles y miles de maestros de la Palabra de Dios. Si buscas en YouTube o en Internet, te encontrarás con un montón de conocimientos e información sobre el tema. Sin embargo, la nación carece de padres. Para comprender esta verdad, debemos comprender la diferencia entre un padre y un maestro.

Veamos primero la responsabilidad de un maestro. Un maestro es responsable de expandir el conocimiento de un estudiante y proporcionar información en un tema específico. De acuerdo con el conocimiento que recibe un estudiante, el estudiante es evaluado con exámenes. Los exámenes determina si el estudiante es capaz de pasar la clase. El objetivo del instructor no es preocuparse por la vida personal de los alumnos (aunque puede importarle), su deber es expandir el conocimiento del alumno.

Mientras que las metas y prioridades de un padre trascienden las de un instructor (aunque sean importante para él), su objetivo es preocuparse por sus hijos y estar constantemente involucrado en la vida personal de sus hijos. Sabe cuándo su hijo está enfermo, necesita un abrazo o un beso, necesita tiempo a solas, et. Él es responsable de formar el carácter en la vida del niño. Un maestro proporciona conocimiento, pero un padre construye el carácter y trae restauración.

Veamos una ilustración simple. Pedro está luchando contra la depresión y los pensamientos suicidas y su condición está afectando sus calificaciones académicas.

Un maestro es responsable de las calificaciones de Pedro y su objetivo es ayudar a Pedro a aprobar la clase.

> *Un maestro proporciona conocimiento, pero un padre construye el carácter y trae restauración.*

Lo que suceda fuera de la academia de Pedro no es su responsabilidad. Un profesor evalúa a los estudiantes de acuerdo a su grados académico. Sin embargo, un padre es responsable de la vida personal de sus hijos y de su restauración. Los maestros son extremadamente importantes para esta generación porque traen crecimiento. Sin embargo, lo que le falta a esta generación es carácter, y hay falta de carácter por falta de padres. Por esta razón, debemos orar para que los corazones de los padres regresen a sus hijos, y los corazones de los hijos a sus padres (ver Malaquías 4:6).

Generación en Generación

Dios no está buscando *una* generación, sino *la* generación en la cual Él pueda liberar Su gloria. No se trata solo de desatar la gloria de Dios en nuestras vidas, sino también de instruir y ayudar a la generación que viene después de nosotros a manifestar Su gloria también. ¿Estamos dispuestos a ser como nuestro hermano Esteban, que estuvo dispuesto a ser apedreado para que Pablo pudiera ascender? Debemos estar dispuestos a morir a nosotros mismos para que otros después de nosotros puedan levantarse. Esto no se trata de mí, sino de nuestro SEÑOR Jesucristo y Su cuerpo trabajando juntos como uno solo. ¿Sabes lo que significa terminar la carrera? No es solo cumplir con tu asignación o propósito en la tierra, sino también que lo que el SEÑOR comenzó en ti pueda continuar después de ti y traer la expansión del Reino de Dios aquí en la tierra. Pasar el testigo con éxito abre la puerta para que mayor gloria se manifieste en la tierra. Que los que corren detrás de nosotros desaten una gloria mayor en el nombre de Cristo.

CARRERA DE REVELO

El propósito de este capítulo es comprender lo que implica el verdadero discipulado y la importancia de pasar un discipulado exitoso a nuestra próxima generación.

PREGUNTAS DE REPASO

1. Según Proverbios 22:6, ¿Cómo enseñara a un niño?

_____

_____

_____

2. Leer Mateo 20:26-28 y escriba cómo ser grande se relaciona con ser un siervo.

_____

_____

_____

3. En tus propias palabras, explica Malaquías 4:6.

_____

_____

_____

_____

_____

PREGUNTAS PERSONALES

1. ¿Qué tipo de legado quieres dejar después de tu muerte?

_____

_____

_____

_____

2. ¿Creciste sin padre? Si la repuesta es si, ¿cómo te afectó eso al crecer?

_____

_____

_____

_____

3. ¿Qué tan importante es un padre espiritual en tu vida?

_____

_____

_____

_____

Tiempo de Oración: Tomemos un momento y oremos para que podamos pasar con éxito nuestro testigo a la generación que nos sigue. (Leer II Reyes 2:9-13)

Padre Celestial,

Oro no solo para que me Ayudes a cumplir Tu propósito en la tierra y liberar Tu gloria, sino también para que yo pueda pasar el testigo a la próxima generación con éxito para que hagan una obra mayor que la mía, y revelen la plenitud de Tu gloria en la tierra. En el precioso nombre de Jesucristo oro.

Amén

Conclusión

Las iglesias han estado esperando durante siglos que la gloria de Dios se desate en la tierra. Pero depende de nosotros, Su generación escogida, para traer la gloria de Dios al mundo. Al concluir este libro, quiero animar a todos a comenzar a manifestar la gloria de Dios aplicando estos principios clave en sus vidas. Fuiste escogido por Dios no para ser simplemente polvo, sino para desatar Su gloria. A medida que camines en alineación con el propósito de Dios para tu vida y uses lo que Él te ha dado, Su gloria será revelada. Él espera que brilles Su luz en medio de las tinieblas. Como dijo Jesús: *"Una ciudad asentada sobre un monte no puede ser escondida"* (Mateo 5:14 RVA-2015). Comencemos nuestro viaje para convertirnos en una Generación Escogida, mientras hacemos brillar Su luz al mundo. Nunca se rindan, manténganse fuertes y anímense unos a otros, para que esta generación trastorne el mundo, acelerando la venida del Señor Jesús.

CUESTIONARIO PERSONAL DE CONOCERSE A SI MISMO

Responde las siguientes preguntas para ayudarte a comenzar a conocerte mejor:

1. ¿Cuáles son algunas de tus fortalezas?

    _____

    _____

    _____

2. ¿Cuáles son algunas de tus debilidades?

    _____

    _____

    _____

3. ¿Qué saca lo peor de ti?

    _____

    _____

    _____

4. ¿Qué saca lo mejor de ti?

    _____

    _____

    _____

5. ¿Cómo te describirías en una sola palabra?

_____

6. ¿Cuáles son algunas características que te describen?

_____

_____

_____

7. ¿Qué cualidades tienes que te hacen único de todos los demás?

_____

_____

_____

8. ¿Qué es lo que más amas de ti?

_____

_____

_____

9. ¿Qué es lo que más odias de ti?

_____

_____

_____

10. ¿Eres introvertido o extrovertido?

_____

11. ¿Es más probable que evite el conflicto o se involucre en él de frente?

_____

_____

_____

12. ¿Qué cosas de la vida te hacen más feliz?

_____

_____

_____

13. ¿Qué cosas en tu vida quieres mejorar?

_____

_____

_____

14. Descríbete en un párrafo.

_____

_____

_____

_____

_____

_____

15. ¿Qué disfrutas o amas hacer?

_____

_____

_____

16. ¿Cómo te gusta relajarte?

_____

_____

_____

17. ¿Qué actividades te hacen perder la noción del tiempo?

_____

_____

_____

18. ¿Dónde pareces tener más influencia?

_____

_____

_____

19. ¿Cuáles consideras que son algunos de tus dones?

_____

_____

_____

20. ¿Cuáles son las vacaciones de tus sueños?

_____

_____

_____

21. ¿Qué te gustaba hacer de niño?

_____

_____

_____

22. ¿Cuáles fueron tus apodos en tu niñez y por qué?

_____

_____

_____

23. ¿Tu apodo es aplicable a ti hoy?

_____

24. Si pudieras crear el trabajo de tus sueños, ¿Cuál sería?

_____

_____

_____

25. Si tuvieras todo el tiempo del mundo, ¿Qué más estarías haciendo?

_____

_____

_____

26. Si el dinero ya no fuera un problema, ¿A qué dedicarías el resto de tu vida?

_____

_____

_____

27. ¿Qué áreas de tu vida te resultan fáciles que la mayoría de las personas se lo encuentran difícil?

_____

_____

_____

28. ¿Cómo te describirían tus amigos y familiares más cercanos?

_____

_____

_____

29. ¿En qué área tiende a recibir la mayor cantidad de elogios de los demás?

_____

_____

_____

30. Después de tu muerte, ¿Qué legado quieres dejar en la tierra?

_____

_____

_____

31. ¿Cuáles quieres que sean las últimas palabras para tu familia antes de morir?

_____

_____

_____

32. ¿Cómo impactarías a las generaciones?

_____

_____

_____

_____

33. ¿Hay algo que te gustaría aprender más?

_____

_____

_____

34. Nombra a tres héroes o modelos a seguir en tu vida y por qué son tu héroe o modelo a seguir.

_____

_____

_____

35. ¿Qué te ves haciendo dentro de 10 años?

_____

_____

_____

36. ¿Cuál es tu materia favorita y por qué?

_____

_____

_____

37. Si solo tuvieras 10 años de vida, ¿Qué estarías haciendo antes de morir?

_____

_____

_____

38. ¿Cuál es tu mayor temor?

_____

_____

_____

39. ¿Qué es lo que más agradeces en tu vida?

_____

_____

_____

40. ¿Cuál es la lección más importante que has aprendido en tu vida?

_____

_____

_____

41. ¿Hay un trabajo que nunca harías en tu vida?

_____

_____

_____

42. ¿Qué significa para ti marcar una diferencia en el
mundo?

_____

_____

_____

_____

43. ¿Qué es lo que más aprecia en la vida?

_____

_____

_____

_____

44. ¿Cómo definirías el éxito? ¿Qué es una vida exitosa para ti? Descríbelo con tus propias palabras.

_____

_____

_____

_____

_____

45. ¿Qué piensas de tu generación?

_____

_____

_____

46. ¿Qué piensas de la próxima generación?

_____

_____

_____

47. ¿Qué dirá la gente de ti en tu funeral?

_____

_____

_____

48. ¿Cuál es el propósito de tu vida?

_____

_____

_____

_____

49. ¿Cuál es la visión en tu vida?

_____

_____

_____

50. ¿Describe tu vida en una sola palabra?

_____

Reflexión: La razón principal para hacer estas pregun-tas es desafiarte a ti mismo a mirar profundamente lo que el SEÑOR ha puesto dentro de ti. Muchas veces, pasamos años ocupados con el trabajo, la familia, el ministerio u otras cosas, y nos olvidamos de dedicar tiempo a conocernos a nosotros mismos y los dones que Dios ha puesto en nosotros. Hay sueños y visiones que han estado inactivo en tu vida y están esperando ser despertados, y lo único que te impide cumplirlo eres tú mismo, el miedo al fracaso, o tal vez sentirte demasiado cómodo en el lugar donde estás. Hoy, es hora de levantarse y dar un paso de fe confiando en el SEÑOR con todo su corazón.

Notas

Introduction

1. "H3520 - kabod - Strong's Hebrew Lexicon (nkjv)." Blue Letter Bible. Accessed July 12, 2021. https://www. blueletterbible.org/lexicon/h3520/nkjv/wlc/0-1/.
2. "H3335 - yasar - Strong's Hebrew Lexicon (nkjv)." Blue Letter Bible. Web. Accessed June 23, 2021. https:// www.blueletterbible.org/lexicon/h3520/nkjv/wlc/0-1/.

Capítulo 1

1. "G1097 - ginosko - Strong's Greek Lexicon (NKJV)." Blue Letter Bible. Web. May 14, 2020. https://www. blueletterbible.org/lexicon/g1097/nkjv/tr/0-1/.

Capítulo 2

1. "H3091 - yeshua - Strong's Hebrew Lexicon (NKJV)." Blue Letter Bible. Accessed August 21, 2021. https:// www.blueletterbible.org/lexicon/h3091/nkjv/wlc/0-1/.

Capítulo 3

1. "H6754 - selem - Strong's Hebrew Lexicon (NKJV)." Blue Letter Bible. Web. July 23, 2021. https://www. blueletterbible.org/lexicon/h6754/nkjv/wlc/0-1/.

2. "H6738 - sel - Strong's Hebrew Lexicon (NKJV)." Blue Letter Bible. Web. July 23, 2021. https://www.blueletterbible.org/lexicon/h6738/nkjv/wlc/0-1/.

3. "Shadow." Merriam-Webster. 2020. https://www. merriam-webster.com (accessed May 14, 2020).

4. "H6942 - qadash - Strong's Hebrew Lexicon (NKJV)." Blue Letter Bible. Web. Accessed July 23, 2021. https://www.blueletterbible.org/lexicon/h6942/nkjv/ wlc/0-1/.

5. "Communion." Noah Webster's Dictionary 1828. 2020. http://webstersdictionary1828.com (accessed May 20, 2020).

6. "H4397 - malak - Strong's Hebrew Lexicon (NKJV)." Blue Letter Bible. Web. Accessed July 23, 2021. https://www.blueletterbible.org/lexicon/h4397/nkjv/ wlc/0-1/.

7. "G32 - angelos - Strong's Greek Lexicon (NKJV)." Blue Letter Bible. Web. Accessed July 23, 2021. https:// www.blueletterbible.org/lexicon/g32/nkjv/tr/0-1/.

Capítulo 4

1. Wachowski, Andy, Larry Wachowski, Keanu Reeves, Laurence Fishburne, and Carrie-Anne Moss. *The Matrix*. Burbank, CA: Warner Home Video, 1999.

Capítulo 5

1. "Identity." Merriam-Webster. 2020. https://www. merriam-webster.com (accessed May 15, 2020).

2. "Identity theft." Merriam-Webster. 2020.https://www. merriam-webster.com (accessed May 15, 2020).

3. P, Kim. "23 College Dropout Statistics That Will Surprise You." CreditDonkey, November 12, 2019. www.creditdonkey.com/college-dropout-statistics. html.

4. Plumer, Brad. "Only 27 Percent of College Grads Have a Job Related to Their Major." The Washington Post, May 20, 2013. https://www.washingtonpost. com/news/wonk/wp/2013/05/20/only-27-percent- of-college-grads-have-a-job-related-to-their-major/

5. Lieberman, Lexi. "Still Undecided? Here's How To Pick Your College Major." Study Break, August 24, 2017. studybreaks.com/college/undecided-how-to- pick-college-major/.

6. Wallnau, L. (2013). The Seven Mountain Strategy: Journey to Convergence. International School of

Ministry: Maturity Module (p. 9). Student Workbook, Good Shepherd Ministries.

7. "G5486 - charisma - Strong's Greek Lexicon (NKJV)." Blue Letter Bible. Accessed August 28, 2021.https://www.blueletterbible.org/lexicon/g5486/nkjv/tr/0-1/.

8. "Gift." Merriam-Webster. 2020.https://www.merriam-webster.com (May 15, 2020).

9. Myles Munroe (2010). "Kingdom Principles Trade Paper: Preparing for Kingdom Experience and Expansion." Pg. 3. ReadHowYouWant.com.

Capítulo 6

1. David Yong-gi Cho, Preface, The Fourth Dimension (Vol 1), Published: US, Bridge-Logos Publishers, 1979. Pg 1.

Capítulo 7

1. Cho, Dr. David Yonggi. *Successful Home Cell Groups*. Bridge-Logos, 1987.

2. "Tracy McGrady: Kobe Bryant Used To Say 'I Want To Die Young.'" YouTube. uploaded by ClutchPoints. January 7, 2020. https://youtu/mpHRSovRMrk.

3. "Blueprint." Merriam-Webster. 2020. https://www.merriam-webster.com (May 15, 2020).

4. "Extraordinary." Merriam-Webster. 2020. https://www.merriam-webster.com (May 15, 2020).

5. "H3876 - Lowt - Strong's Hebrew Lexicon (KJV)." Blue Letter Bible. Web. June 7, 2020. https://www.blueletterbible.org//lang/lexicon/lexicon.cfm?Strongs=H3876&t=KJV.

6. "Eternity." Lexico Dictionaries. 2020. https://www.lexico.com (May 15, 2020).

7. "Eternity." dictionary.com. 2020. https://www.dictionary.com (May 15, 2020).

8. "G1097 - ginosko - Strong's Greek Lexicon (NKJV)." Blue Letter Bible. Web. May 14, 2020. https://www.blueletterbible.org//lang/lexicon/lexicon.cfm?Strongs=G1097&t=NKJV.

Capítulo 9

1. David Mikkelson, "Dr. Howard Kelly and the Glass of Milk." Snopes, September 13, 2013. www.snopes.com/fact-check/the-milk-of-human-kindness/.

2. Mendoza-Moyers, Diego. "Yes, More of Your Fruits and Veggies Are from Overseas." Times Union, April 13, 2019. www.timesunion.com/business/article/Yes-more-of-the-fruits-and-vegetables-you-re-13762595.php.

Capítulo 10

1. "Servant." Merriam-Webster. 2020. https://www.merriam-webster.com (May 14, 2020).

2. "Bondservant." Merriam-Webster. 2020. https://www.merriam-webster.com (May 14, 2020).

3. Sabrina. "The Fatherless Generation." April 23, 2010, https://thefatherlessgeneration.wordpress.com

Made in the USA
Middletown, DE
16 April 2022